Torsten Kämpfer

BMW GS

Die Geschichte einer Motorrad-Legende

Torsten Kämpfer

BMW GS

Die Geschichte einer Motorrad-Legende

Produktmanagement: Martin Distler
Schlusskorrektur: Ute König
Satz/Layout: Elke Mader
Repro: Cromika s.a.s., Verona
Umschlaggestaltung: Thomas Uhlig
Herstellung: Anna Katavic
Printed in Italy by Printer Trento

Alle Angaben dieses Werkes wurden vom
Autor sorgfältig recherchiert und auf den
aktuellen Stand gebracht sowie vom Verlag
geprüft. Für die Richtigkeit der Angaben kann
jedoch keine Haftung übernommen werden.

Für Hinweise und Anregungen sind wir jederzeit dankbar.
Bitte richten Sie diese an:
GeraMond Verlag
Lektorat
Postfach 40 02 09
D-80702 München
E-Mail: lektorat@verlagshaus.de

Die Deutsche Nationalbibliothek verzeichnet diese
Publikation in der Deutschen Nationalbibliografie;
detaillierte bibliografische Daten sind im Internet über
http://dnb.d-nb.de abrufbar.

INHALT

Vorwort	7
Alle GS-Modelle im Überblick	**8**
Die Monolever-G/S:	
Der Beginn einer Weltkarriere	10
Das Sondermodell Paris-Dakar	10
Die Paralever-GS-Modelle	12
Die Paralever-Schwinge ist eine Sensation	13
Die letzte 2-Ventiler-GS	15
Die 4-Ventiler-GS-Modelle	17
Die kleine R 850 GS	18
Das Facelift: die R 1150 GS	19
Die F-Modelle / Einzylinder	21
Die Einspritzer-F 650 GS	22
G wie Gescheitert	24
Die 1200-ccm-GS	26
Hightech in der GS	28
2005: die neue Adventure	30
Kurzes High-Performance-Intermezzo	31
Modellüberarbeitung 2008	32
Die neue R 1200 GS / Adventure DOHC	33
Die Reihen-Zweizylinder-GS	34
Die Sondermodelle „30 Jahre GS"	36
Die Modellpalette 2011	37
Die Zukunft der Boxer-GS	39
Wie alles begann …	**42**
Die Geländesport-Legende Herbert Schek	44
Schek-BMW-Motorräder im Geländesport	50
Vom Geländesport zur Rallyeszene	52
Die Laszlo Peres-GS 800 von 1977/78	54
Der Weg zum Serienmotorrad	**72**
R 80 G/S – Die Idee einer „Über-XT"	74
Das Design der BMW GS	80
Die Marketing-G/S und die	
Markteinführung 1980	88

Die Dakar-Einsätze	**102**
Die legendären Dakar-Einsätze der BMW GS	104
Die Rallyeschmiede HPN	111
BMW Group Archiv	**118**
Zukunft hat Herkunft	120
Die ersten BMW GS	**126**
Auf der Suche nach den ersten GS-Modellen	128
Die Besonderheiten der Vor- und Erstserien	131
Reisen mit der G/S und GS	**140**
Reisen mit 2-Ventiler-GS	142
Die Motorräder	142
Worin unterscheiden sich die	
beiden GS-Generationen?	143
Gibt es Unterschiede in der Reisetauglichkeit?	143
Die Vorbereitungen für die Fernreise	144
Check aller Baugruppen und Teile / Inspektion	144
Schwachstellen-Optimierung	145
Das Motorrad vor Sturzfolgen schützen	145
Ersatz- und Verschleißteile	145
Das Gepäcksystem	147
Bordwerkzeugkontrolle	148
Bordwerkzeugoptimierung / Ergänzung	149
Reifenwerkzeug	149
Weitere Utensilien für den Notfall	150
Ist ein großer Tank nötig?	150
Welche Reifen sind fernreisetauglich?	151
Das Motorrad richtig beladen	151
Probefahrt, Fahrkontrolle und Ergonomie	152
Fernreise-Motorräder und Fernreise-Träume	153
Michael Martin: Mit der BMW GS um die Welt	153
Dank	158
Bildnachweis	158

Mit der GS unterwegs im
australischen Outback auf
dem Birdsville Track

Vorwort

Mehr als 30 Jahre sind vergangen, seit die BMW GS das Licht der Welt erblickte. Doch wie begann eigentlich die fantastische Erfolgsstory? Woher kommt die GS, wer hat sie erfunden? Dieses Buch beschreibt jene Ideen und Projekte, die im Jahr 1979 gebündelt zum Entstehen der ersten Serien-R 80 G/S führten. Aus einer damals vorherrschenden wirtschaftlichen Notlage und nur als Übergangsmodell gedacht, entstand dieses einmalige Motorrad. Die GS rettete nicht nur BMW Motorrad, sondern begründete auch gleich noch ein neues Motorradsegment, das der Reiseenduros. Beginnend mit einer Übersicht über alle BMW GS-Modelle springt das Buch anschließend bis in die 1960er- und 1970er-Jahre zurück, um die komplette Geschichte dieser Motorrad-Legende zu beschreiben.

Viel Spaß beim Schmökern!
Torsten Kämpfer

Alle GS-Modelle im Überblick

Von den ersten Monolever-G/S bis
zur topmodernen DOHC-Adventure

Die BMW R 80 G/S, die Mutter aller Reiseenduros und Begründerin dieses Marktsegments

Die Monolever-G/S: Der Beginn einer Weltkarriere

Im September 1980 begann im französischen Avignon mit der Weltpremiere der BMW R 80 G/S die anhaltend erfolgreiche Karriere dieses BMW-Modells. Die Bezeichnung setzt sich aus R, der Abkürzung für Boxer-Motoren bei BMW, der 80, abgeleitet von den 800 Kubikzentimetern Hubraum des Motors, und der Abkürzung G/S für „Gelände sowie Straße" zusammen. Sie besetzte eine bis dato unbekannte Nische und begründete das neue Motorradsegment „Reiseenduro". Damit das Fahrzeug sowohl von den Händlern als auch von den Käufern richtig verstanden wurde, investierte BMW so viel in Marketing und Aufklärung bezüglich des vorgesehenen Einsatzzwecks des neuen Produkts wie nie zuvor.

Innovationen, wie die Einarmschwinge (Monolever) zur Hinterradführung wurden vom Publikum staunend zur Kenntnis genommen. Die Entwicklung der Serien-G/S war recht zügig vonstatten gegangen. Anfang 1979 war der offizielle Startschuss für das Projekt gefallen. Die Erfahrungen der zuständigen Mitarbeiter in den Abteilungen Konstruktion und Versuch aus den Jahren zuvor im Geländesport und private Einsätze bei der bekannten Dolomiten-Rallye halfen bei der Entwicklung enorm. Man wusste bereits in vielen Bereichen, welche Teile gut funktionierten und welche nicht. Und so war man in der Lage, 1980 ein technisch schon sehr ausgereiftes Motorrad neu am Markt zu platzieren.

Das Sondermodell Paris-Dakar

Die erfolgreichen Teilnahmen an der Rallye Paris-Dakar steigerten die Popularität der G/S noch weiter, sodass man sich 1984 dazu entschloss, eine eigene „Rallye"-Version anzubieten. Zuerst als Kit, bestehend aus 32-Liter-Tank, einer Einzelsitzbank und großer Gepäckbrücke, bot man

Die R 80 G/S Paris-Dakar: erst als Kit angeboten, später ein eigenständiges Modell.

jedoch bald auf Basis der großen Nachfrage das Modell als eigenständiges Fahrzeug unter der Bezeichnung R 80 G/S Paris-Dakar an. Nach über 21.000 gebauten Fahrzeugen war 1987 Schluss und die Paralever-Generation löste 1988 die erfolgreiche R 80 G/S im Modellportfolio ab.

Neben den Modellen R 80/100 GS erschien 1987 die R 65 GS auf dem Markt. Hier hatte BMW einfach die R 80 G/S mit den 650-ccm-Boxer-Motoren bestückt und so ein kleines Alternativ-Modell zu den großen GS geschaffen. Aufgrund der geringen Stückzahl von 1.727 gebauten Einheiten ist die R 65 GS heute ein gesuchtes Liebhaber-Motorrad, das dieselben positiven Eigenschaften der alten G/S hat.

Auf der BMW R 80 G/S begründet sich der anhaltende Erfolg der Modellreihe und deren legendärer Ruf. Sie war der Anfang und darf als das wichtigste Modell aller BMW-Motorräder bezeichnet werden, da es ohne sie vermutlich keine Motorräder bei BMW mehr gäbe. Sie rettete Anfang der 1980er-Jahre die Motorradabteilung vor dem wirtschaftlichen Ende und hat sich somit ihren Platz in der Geschichte verdient.

TECHNISCHE DATEN – MODELL R 80 G/S	
Produktionsbeginn / Produktionsende	1980 / 1987
Motorart	Viertakt, Zweizylinder-Boxer, luftgekühlt
Bohrung / Hub	84,8 x 70,6 mm
Hubraum	797,5 ccm
Leistung / Umdrehung	50 PS (37 KW) / 6.500 U/min
Max. Drehmoment / Umdrehung	56,7 Nm / 5.000 U/min
Anzahl Ventile / Ventilsteuerung	Je 2 / ohv über Stößelstangen und Kipphebel
Gemischaufbereitung	2 Gleichdruckvergaser Bing
Anzahl Gänge / Antrieb	5 / Kardan
Rahmen	Doppelschleifen-Stahlrohr, angeschraubtes Heck
Vorderradfederung	Teleskopgabel mit hydraulischen Stoßdämpfern
Hinterradfederung	BMW-Monolever, Einarmschwinge
Federweg vorn / hinten	200 / 170 mm
Bremsen vorn	Einscheibenbremse 260 mm
Bremsen hinten	Simplex-Trommelbremse 200 mm
Bodenfreiheit	175 mm
Tankinhalt	19,5 l (Paris-Dakar 32 l)
Leergewicht vollgetankt / zul. Gesamtgewicht	186 (Paris-Dakar 205) / 398 kg
Beschleunigung 0–100 km/h	5,6 s
Höchstgeschwindigkeit	168 km/h
Stückzahl	21.864
Preis	8.290 DM

Aus einer R 80 G/S mit 650-ccm-Boxer-Motor wird die R 65 GS.

TECHNISCHE DATEN – MODELL R 65 GS	
Produktionsbeginn / Produktionsende	1987 / 1992
Motorart	Viertakt, Zweizylinder-Boxer, luftgekühlt
Bohrung / Hub	82 x 61,5 mm
Hubraum	649,6 ccm
Leistung / Umdrehung	27 PS (20 KW) / 5.500 U/min
Max. Drehmoment / Umdrehung	43 Nm / 3.500 U/min
Anzahl Ventile / Ventilsteuerung	Je 2 / ohv über Stößelstangen und Kipphebel
Gemischaufbereitung	2 Gleichdruckvergaser Bing
Anzahl Gänge / Antrieb	5 / Kardan
Rahmen	Doppelschleifen-Stahlrohr, angeschraubtes Heck
Vorderradfederung	Teleskopgabel mit hydraulischen Stoßdämpfern
Hinterradfederung	BMW-Monolever, Einarmschwinge
Federweg vorn / hinten	200 / 170 mm
Bremsen vorn	Einscheibenbremse 260 mm
Bremsen hinten	Simplex-Trommelbremse 200 mm
Bodenfreiheit	218 mm
Tankinhalt	19,5 l
Leergewicht vollgetankt / zul. Gesamtgewicht	198 / 398 kg
Beschleunigung 0−100 km/h	9,4 s
Höchstgeschwindigkeit	146 km/h
Stückzahl	1.727
Preis	9.200 DM

Die Paralever-GS-Modelle

Nachdem die Jahre von 1980 bis 1987 mit der R 80 G/S am Markt überaus erfolgreich waren, war die Aufgabe, dieses Modell zu verbessern, um den Erfolg auch in Zukunft zu sichern, nicht einfach. Somit fiel die Modellpflege im Zuge des Wechsels auch relativ zurückhaltend aus. Man wollte nicht zu viele Experimente wagen und so riskieren, dass man überzeugte GS-Fahrer eventuell verschreckte. Allerdings musste man auch dringend auf die aufkommende Konkurrenz (hauptsächlich aus Japan) reagieren. Yamaha hielt mit der XT 600 E zwar immer noch am Einzylinder als Reiseenduro-Motor fest, hatte für 1989 aber schon die XTZ 750 Super Teneré mit starkem Reihen-Zweizylinder in der Pipeline. Der stärkste „Gegenwind" auf dem Markt kam aber von Honda und der 1987 vorgestellten Transalp. Hier kam ein robuster Zweizylinder-V-Motor mit 600 ccm Hubraum zum Einsatz, der in seiner Charakteristik dicht am BMW-Boxer dran war, auch wenn ihm etwas Leistung und Drehmoment fehlte. Parallel dazu brachte Honda die in wilden Kriegsfarben bemalte XRV 650 Africa Twin auf

Die BMW R 100 GS mit 1000-ccm-Boxer-Motor und 60 PS war einst die stärkste Reiseenduro.

den Markt. Man sprang damit auch auf den Rallye-Paris-Dakar-Zug auf und versuchte die damals erfolgreiche Wettbewerbs-Honda NXR zu kommerzialisieren.

Die Paralever-Schwinge ist eine Sensation

BMW Motorrad sah sich im Zugzwang und konterte mit einer technischen Sensation im Motorradbau, der Paralever-Schwinge. Mit der Momentabstützung, die durch eine zusätzliche Strebe erreicht wurde, glich man die Kardanreaktionen beim Beschleunigen und Gaswegnehmen vollständig aus. Hatten die Fahrer der ersten BMW GS, der R 80 G/S, noch mit dem sogenannten Fahrstuhleffekt zu kämpfen, war dieser bei den neuen GS-Modellen komplett eliminiert und das Fahrzeug verhielt sich wesentlich ruhiger. Die weiteren Neuerungen bei den neuen Modellen waren ein auf 24 Liter vergrößertes Tankvolumen und eine neue, für Langstrecken besser geeignete Sitzbank. Als Option (bei der R 100 GS serienmäßig) konnte man sich noch ein Windschild montieren, das den Fahrkomfort der neuen Modelle ebenfalls steigerte. Als größter Entwicklungsschritt wurde die Verwendung des 1.000-ccm-Boxer-Motors mit 60 PS Leistung angesehen. Somit hatte es BMW gerade noch einmal geschafft, sich mit der stärksten Serien-

Enduro der Welt erfolgreich von der Konkurrenz abzusetzen. Darüber hinaus betrieb man ein ausgeprägtes Marketing rund um die neuen GS-Modelle. So brachte man den heute legendären „Enduro-Atlas" auf den Markt. Hier

Die Paralever-Schwinge eliminiert den Fahrstuhleffekt.

Die R 100 GS Paris-Dakar wurde von Anfang an als eigenständiges Modell entworfen und gebaut. In gutem Zustand ist sie heute eine der meist gesuchten und teuersten 2-Ventiler-GS.

Der 1988 erschienene Enduro-Atlas von BMW

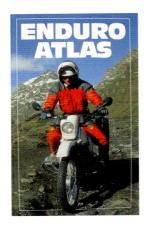

TECHNISCHE DATEN – MODELL R 100 GS / PARIS-DAKAR	
Produktionsbeginn / Produktionsende	1987 / 1996
Motorart	Viertakt, Zweizylinder-Boxer, luftgekühlt
Bohrung / Hub	94 x 70,6 mm
Hubraum	980 ccm
Leistung / Umdrehung	60 PS (44 KW) / 6.500 U/min
Max. Drehmoment / Umdrehung	76 Nm / 3.750 U/min
Anzahl Ventile / Ventilsteuerung	Je 2 / ohv über Stößelstangen und Kipphebel
Gemischaufbereitung	2 Gleichdruckvergaser Bing
Anzahl Gänge / Antrieb	5 / Kardan
Rahmen	Doppelschleifen-Stahlrohr, angeschraubtes Heck
Vorderradfederung	Teleskopgabel mit hydraulischen Stoßdämpfern
Hinterradfederung	BMW-Paralever, Einarmschwinge
Federweg vorn / hinten	225 / 180 mm
Bremsen vorn	Einscheibenbremse 285 mm
Bremsen hinten	Simplex-Trommelbremse 200 mm
Tankinhalt	24 l (Paris-Dakar 35 l)
Leergewicht vollgetankt / zul. Gesamtgewicht	210 (Paris-Dakar 236) / 420 kg
Beschleunigung 0–100 km/h	4,8 s
Höchstgeschwindigkeit	181 (Paris-Dakar 180) km/h
Stückzahl	34.007
Preis	12.990 DM (Paris-Dakar: 15.190 DM)

zeigte BMW seiner Kundschaft, wofür man die BMW einsetzen konnte und machte konkrete Tourenvorschläge für abenteuerliche Schotterpisten in den Alpen – heute in dieser exakten Form undenkbar, zumal leider etliche dieser Pisten mittlerweile dauerhaft gesperrt sind. Damals war es aber noch völlig legitim und allgemein verträglich mit Alpen-Schotterspaß zu werben. Auch begann man zu dieser Zeit die BMW-Fahrerausstattung und den Bereich Zubehör aktiv zu bewerben. Man verkaufte nicht mehr nur ein Motorrad, sondern das „Erlebnis BMW GS".

Nach zwei Jahren und dem Erscheinen der Honda XRV 750 Africa Twin legte man im Zuge eines Facelifts nach und verpasste den GS-Modellen eine rahmenfeste Halbschalenverkleidung. In wüsten, nicht immer gelungenen Farbgebungen versuchte man, mit den schwer vergitterten Modellen weiterhin Aufmerksamkeit zu erregen und Käufer zu gewinnen. Bis 1994 wurden die R 80/100 GS der 2. Generation gebaut. Dann kam die sensationelle und komplett neue 4-Ventil-Einspritzer-GS, die R 1100 GS. Allerdings wollte man mit der Markteinführung die

2-Ventiler-Kunden nicht sofort im „Regen" stehen lassen und legte auf Basis der R 100 GS noch einmal ein Sondermodell als Hommage an die großen Rallye-Erfolge nach. Bis 1996 bot BMW die R 100 GS Paris-Dakar an. Dieses Fahrzeug lehnte sich optisch stark an die normale R 100 GS an, besaß aber einen großen 35-Liter-Tank und versprühte deutlich mehr Wüstenfeeling. Zum Ende der Bauzeit legte BMW eine Classic-Serie in Schwarz/ Chrom auf. Diese

Fahrzeuge haben heute absoluten Liebhaberstatus erreicht und werden im guten Zustand zu Neupreisen oder darüber gehandelt.

Die letzte 2-Ventiler-GS

1996 und 1997 sollten die wohl traurigsten Jahre für die echten Fans der 2-Ventil-Boxer-GS werden. BMW zog noch einmal alle Werbe-Register und brachte die Basic auf

Links: GS-Cockpit bis 1990 mit
kleiner Verkleidung. Rechts:
neues Cockpit mit rahmen-
fester Verkleidung

R 80 GS Basic: Die letzte
2-Ventiler-GS befindet sich
auf dem Weg zum gesuchten
Sammlerobjekt.

TECHNISCHE DATEN – MODELL R 80 GS / BASIC	
Produktionsbeginn / Produktionsende	1987–1994 / 1996–1997
Motorart	Viertakt, Zweizylinder-Boxer, luftgekühlt
Bohrung / Hub	84,8 x 70,6 mm
Hubraum	797,5 ccm
Leistung / Umdrehung	50 PS (37 KW) / 6.500 U/min
Max. Drehmoment / Umdrehung	61 Nm / 3.750 U/min
Anzahl Ventile / Ventilsteuerung	Je 2 / ohv über Stößelstangen und Kipphebel
Gemischaufbereitung	2 Gleichdruckvergaser Bing
Anzahl Gänge / Antrieb	5 / Kardan
Rahmen	Doppelschleifen-Stahlrohr, angeschraubtes Heck
Vorderradfederung	Teleskopgabel mit hydraulischen Stoßdämpfern
Hinterradfederung	BMW-Paralever, Einarmschwinge
Federweg vorn / hinten	225 / 180 mm
Bremsen vorn	Einscheibenbremse 285 mm
Bremsen hinten	Simplex-Trommelbremse 200 mm
Tankinhalt	24 / 19,5 l
Leergewicht vollgetankt / zul. Gesamtgewicht	210 / 420 kg
Beschleunigung 0–100 km/h	6,0 s
Höchstgeschwindigkeit	168 km/h
Stückzahl	11.375
Preis	10.950 DM (Basic: 15.500 DM)

den Markt. Bezüglich der Technik und dem Fahrwerk war die Basic recht modern ausgestattet. Jedoch erinnerte sie optisch durch die Verwendung von G/S-Teilen, wie dem 19-Liter-Tank und der Sitzbank, sehr stark an die R 80 G/S. Als letzte 2-Ventil-Boxer-GS verkaufte sich die Basic trotz ihres hohen Preises von 15.500 DM äußerst gut. Speziell für Südafrika wurde das Fahrzeug als R 80 GS Kalahari mit dem 32-Liter-Paris-Dakar-Tank angeboten. Dieser wurde bei deutschen Fahrzeugen oft als Sonderausstattung nachgerüstet. Neben dem Ur-Modell G/S ist die Basic heute das gesuchteste Modell der GS-Baureihe am Markt. Für Topzustände werden auch Toppreise bezahlt, die sich in den nächsten Jahren noch weiter steigern dürften. Profitierte speziell die G/S im Jahr 2010 extrem vom „30 Jahre GS"-Hype, so wird die Basic als letzte 2-Ventil-GS in der Zukunft einen ähnlich großen Kultstatus erreichen. Bis sie sich als Sammlerobjekt durchsetzen wird, dauert es vermutlich nicht mehr lange. Viele R 80 GS Basic werden zwar noch normal im Alltag gefahren, besonders gute Exemplare werden aber bereits als Liebhaberobjekte gehandelt.

Die Sensation 1993: die brandneue R 1100 GS mit modernem 4-Ventil-Boxer und Einspritzung

Die 4-Ventiler-GS-Modelle

Im September 1993 präsentierte BMW Motorrad mit der neuen 4-Ventil-R 1100 GS die Sensation. Polarisierte das völlig neue Design anfangs noch, waren die Fahreigenschaften vom Start weg unumstritten. So einen Fahrkomfort hatte es bis dato noch nicht gegeben. Auch die Informationen im Cockpit für den Fahrer wurden mit dem FID (Fahrerinformationsdisplay) deutlich gesteigert. Man konnte nun die Temperatur vom Motoröl, den Benzinstand im Tank, den eingelegten Gang und die Uhrzeit von einem Display ablesen. Sensationell war allerdings auch der Preis, der bei einem voll ausgestatteten Fahrzeug meist die 20.000-DM-Grenze durchbrach. Anfangs mit Kunststofftank ausgeliefert, verbaute man ab 1995 wegen Ausgasungen und Undichtigkeiten einen Stahltank.

Die neue Telelever-Vorderradführung (bereits aus der R 1100 RS bekannt) arbeitete sagenhaft und bügelte alle Unebenheiten der Straße glatt. Ursächlich basierte diese Eigenschaft darauf, dass die Federung von der Vorderradführung getrennt wird. Die Teleskop-Rohre sind über

TECHNISCHE DATEN – MODELL R 1100 GS	
Produktionsbeginn / Produktionsende	1994 / 1999
Motorart	Viertakt, Zweizylinder-Boxer, luft-/ölgekühlt
Bohrung / Hub	99 x 70,5 mm
Hubraum	1.085 ccm
Leistung / Umdrehung	80 / 78 PS (59 / 58 KW) / 6.750 / 6.500 U/min
Max. Drehmoment / Umdrehung	97 Nm / 5.250 U/min
Anzahl Ventile / Ventilsteuerung	Je 4 / hc über Stößelstangen und Kipphebel
Gemischaufbereitung	Elektronische Einspritzung, Bosch Motronic MA 2.2
Anzahl Gänge / Antrieb	5 / Kardan
Rahmen	Dreiteiliges Rahmenkonzept, Motor mittragend
Vorderradfederung	BMW-Telelever – Telegabel mit Längslenkern und zentralem Federbein
Hinterradfederung	BMW-Paralever – Einarmschwinge mit Momentabstützung
Federweg vorn / hinten	190 / 200 mm
Bremsen vorn	Doppelscheibenbremse 305 mm, optional ABS
Bremsen hinten	Einscheibenbremse 276 mm
Bodenfreiheit	200 mm
Tankinhalt	25 / 24 l
Leergewicht vollgetankt / zul. Gesamtgewicht	243 / 450 kg
Beschleunigung 0–100 km/h	4,3 s
Höchstgeschwindigkeit	195 km/h
Stückzahl	39.842
Preis	17.450 DM

Der neue 4-Ventil-Boxer-Motor sichert die Zukunft der Modellreihe.

Die R 1100 GS ist optional mit ABS lieferbar.

einen drehbar gelagerten Längsträger mit der Gleitrohrbrücke verbunden. Das zentrale Federbein ist an diesem Träger befestigt. Skeptiker sprachen von einer zu hohen Entkopplung des Fahrers. Man würde nicht bemerken, wenn sich das Vorderrad bereits im Grenzbereich aufhalte. Das „Einnicken" beim Bremsen vorne fehlt mit dem Telelever fast völlig. Hat man sich als Fahrer daran gewöhnt, möchte man diese Fahreigenschaft allerdings nicht mehr missen.

Als Antrieb für die neue GS wurde der ein Jahr zuvor auf dem Markt erschienene RS-Motor verwendet. Die Leistung wurde leicht zurückgenommen von 90 auf 80 (78) PS und das Drehmoment etwas gesteigert, um die Motorcharakteristik dem Bedarf einer Reiseenduro anzupassen. Der Motor war für die 1993 erschienene R-Baureihe komplett neu konstruiert worden und hatte, wenn man vom Grundprinzip absieht, nichts mehr mit dem alten 2-Ventil-Boxer gemein. Es kam ein modernes Motormanagement mit Benzineinspritzung zum Einsatz, das den Einsatz von Katalysatoren ermöglichte.

Neben vielem anderen leitete man auch das neue ABS II für die R 1100 GS vom RS-Modell ab. Die moderne Digital-Regeltechnik führte (im Vergleich zum ABS I) zu einem deutlich verbesserten Ansprechverhalten der Antiblockierbremse. Unter Ausnutzung der Bremskraftsteigerung konnte gleichzeitig das Gewicht fast um die Hälte auf 5,96 Kilogramm gesenkt werden. Das optional angebotene ABS wurde in fast jeder R 850 bzw. 1100 GS verbaut. Heute angebotene Gebrauchtfahrzeuge ohne ABS lassen sich meist nur schwer veräußern.

Die kleine R 850 GS

Im Jahr 1998 zog BMW die kleine GS mit 850-ccm-Boxer-Motor nach und präsentierte die R 850 GS. Sie war bis auf den Motor baugleich mit der großen R 1100 GS. Grundsätzlich mit 70 PS Leistung ausgestattet, bot sie jedoch auch in einer gedrosselten 34 PS-Version Führerscheinneulingen die Chance, sofort 4-Ventil-GS zu fahren. Durch den verringerten Hubraum bot das Fahrzeug zwar weniger Leistung, was sich vornehmlich auf einer Urlaubstour mit zwei Personen und Gepäck negativ bemerkbar machte, allerdings kannte die kleine GS auch das berühmtberüchtigte Konstantfahrruckeln (KFR) der R 1100 GS nicht. Als KFR bezeichnet man den Fahrzustand, wenn sich die Fahrgeschwindigkeit verändert, obwohl die Gasgriffstellung gleich bleibt, sprich das Fahrzeug ruckelt unangenehm hin und her. Merkwürdigerweise waren nie alle R 1100 GS gleichermaßen davon betroffen. Für viele ist die 850er die bessere, weil harmonischere Reiseenduro. Auch war die R 850 GS durch den Verbau von Anti-Blaurauchkolben von den unschönen blauen Rauchwolken beim Kaltstart befreit. Diese Anti-Blaurauchkolben wurden im letzten Baujahr auch schon bei der R 1100 GS eingesetzt.

Das Facelift: die R 1150 GS

Die Überarbeitung der großen Boxer-GS war ein Facelift im durchaus wörtlichen Sinne, da das „Gesicht" der Enduro erheblich überarbeitet wurde. Der oft verhöhnte „Busscheinwerfer" entfiel und es kam eine Doppelscheinwerfer-Einheit zum Einsatz. Allerdings fanden – bedingt durch die über den großen der beiden Scheinwerfer überlappende Cockpit-Abdeckung – die Spötter gleich einen neuen Namen für das Fahrzeug: die Karl-Dall-GS. Den Erfolg der R 1150 GS konnte das jedoch nicht aufhalten. Es wurden insgesamt über 58.000 Einheiten von ihr verkauft. Neben den optischen Veränderungen im Bereich Cockpit, Tank und Kotflügel wurde die Fahrdynamik gesteigert. Man verwendete Bauteile wie den Telelever, die Zylinderköpfe, die Kurbelwelle und das Motormanagement vom Sportboxer R 1100 S. Ebenfalls wurde ein 6-Gang-Getriebe (Overdrive) verbaut. Optional konnte man später auch einen kurzen ersten und/oder sechsten Gang ordern. Komplett neu war nun auch der wesentlich schönere Endschalldämpfer serienmäßig mit einem Katalysator ausgerüstet.

TECHNISCHE DATEN – MODELL R 850 GS	
Produktionsbeginn / Produktionsende	1998 / 2001
Motorart	Viertakt, Zweizylinder-Boxer, luft-/ölgekühlt
Bohrung / Hub	87,8 x 70,5 mm
Hubraum	848 ccm
Leistung / Umdrehung	70 PS (52 KW) / 7.000 U/min
Max. Drehmoment / Umdrehung	77 Nm / 5.500 U/min
Anzahl Ventile / Ventilsteuerung	Je 4 / hc über Stößelstangen und Kipphebel
Gemischaufbereitung	Elektronische Einspritzung, Bosch Motronic MA 2.2
Anzahl Gänge / Antrieb	5 / Kardan
Rahmen	Dreiteiliges Rahmenkonzept, Motor mittragend
Vorderradfederung	BMW-Telelever – Telegabel mit Längslenkern und zentralem Federbein
Hinterradfederung	BMW-Paralever – Einarmschwinge mit Momentabstützung
Federweg vorn / hinten	190 / 200 mm
Bremsen vorn	Doppelscheibenbremse 305 mm, optional ABS
Bremsen hinten	Einscheibenbremse 276 mm
Bodenfreiheit	200 mm
Tankinhalt	24 l
Leergewicht vollgetankt / zul. Gesamtgewicht	243 / 450 kg
Beschleunigung 0−100 km/h	5,0 s
Höchstgeschwindigkeit	187 km/h
Stückzahl	2.242
Preis	18.750 DM

Eine ausgereifte und zuverlässige Reiseenduro: die in vielen Details verbesserte R 1150 GS

Die Doppelzündung an der R 1150 GS ist leicht an den Ventildeckeln zu erkennen.

Hatte man bei der ersten 4-Ventil-GS-Generation noch keine Paris-Dakar-Version auf den Markt gebracht (sie wäre mit der R 100 GS Paris-Dakar kollidiert, die bis 1996 gebaut wurde), so holte man dies 2002 in Form der R 1150 GS Adventure nach. Vor der GS-Gemeinde türmte sich ein Koloss von Fahrzeug auf. Die neue Adventure (ADV) erhielt ein großes Windschild und optional einen großen 30-Liter-Tank. Dies erzeugte einen imposanten Auftritt. Technisch basierte die ADV auf der normalen R 1150 GS. Seitens des Fahrwerks wurde ein WAD-Federbein (wegabhänige Dämpfung) verbaut. Dies führte zu einer deutlichen Erhöhung des Fahrkomforts. Allerdings nicht für Beifahrer, da der hintere Teile der ADV-Sitzbank deutlich schmaler ausfiel.

Ab 2003 wurden die R 1150 GS und Adventure mit einer Doppelzündung ausgestattet. Dies sollte nicht nur das leidige Konstantfahrruckeln endgültig aus der Welt schaffen, sondern auch die Abgaswerte der Fahrzeuge senken. Allerdings schadete es der Laufkultur eher, als dass es nutz-

Das neue „Paris-Dakar"-Modell heißt fortan Adventure und basiert auf der R 1150 GS. Hier die Sonderedition „25 Jahre Boxer GS" in Perlmuttweiß mit blauer Sitzbank.

te. Die „alten" Einfachzünder laufen harmonischer. Bei einer AUK (Abgasuntersuchung Kraftrad, eingeführt zum 01.04.2006) im Zuge einer Hauptuntersuchung haben die alten 4-Ventil-Boxer nicht selten Probleme, die geforderten Emissionswerte einzuhalten. Der Bremskraftverstärker des Integral-ABS darf rückblickend als technischer Overflow bezeichnet werden. BMW schaffte das – zunächst im Nachfolger R 1200 GS weiter verbaute – System im Jahr 2007 bei fast allen Modellen wieder ab.

Nach nur drei Jahren Bauzeit verabschiedet sich die R 1150 GS Adventure in Form eines sehr schönen Sondermodells anlässlich des Jubiläums „25 Jahre BMW GS" wieder vom Markt. Im Gegensatz zu dem 2010 stattgefundenen „30 Jahre GS"-Hype fiel die Feier zur Vierteljahrhundert-GS bescheiden aus.

Die F-Modelle / Einzylinder

Mit der F 650 läutete BMW Motorrad 1993 eine neue Einzylinder-Ära ein. Der bei Rotax gebaute Motor erwies sich als überaus robust und das Fahrzeug darf durchaus als

TECHNISCHE DATEN – MODELL R 1150 GS / ADVENTURE	
Produktionsbeginn / Produktionsende	1999 / 2003 (2002 / 2005 ADV)
Motorart	Viertakt, Zweizylinder-Boxer, luft-/ölgekühlt
Bohrung / Hub	101 x 70,5 mm
Hubraum	1.130 ccm
Leistung / Umdrehung	85 PS (62 KW) / 6.750 U/min
Max. Drehmoment / Umdrehung	98 Nm / 5.250 U/min
Anzahl Ventile / Ventilsteuerung	Je 4 / hc über Stößelstangen und Kipphebel
Gemischaufbereitung	Elektronische Einspritzung, Bosch Motronic MA 2.4
Anzahl Gänge / Antrieb	6 (Overdrive / optional kurzer 6.Gang) / Kardan
Rahmen	Dreiteiliges Rahmenkonzept, Motor mittragend
Vorderradfederung	Telelever, 35 mm Standrohrdurchmesser
Hinterradfederung	Paralever
Federweg vorn / hinten	190 / 200 (210 / 220 ADV) mm
Bremsen vorn	Evo-Bremsanlage*, Doppelscheibe 305 mm
Bremsen hinten	Einscheibenbremse 276 mm
Tankinhalt	22 (optional 30 ADV) l
Leergewicht vollgetankt / zul. Gesamtgewicht	249 (253 ADV) / 460 kg
Beschleunigung 0–100 km/h	4,3 s
Höchstgeschwindigkeit	195 (192 ADV) km/h
Stückzahl	75.851 (davon 17.828 ADV)
Preis	10.950 Euro (ADV: 11.600 Euro)

* ab Modelljahr 2003 Integral-ABS mit Bremskraftverstärker

Nach 30 Jahren gab es mit der Vergaser-F 650 wieder einen neuen BMW-Einzylinder.

TECHNISCHE DATEN – MODELL F 650	
Produktionsbeginn / Produktionsende	1993 / 1999
Motorart	Viertakt, Einzylinder, flüssigkeitsgekühlt
Bohrung / Hub	100 x 83 mm
Hubraum	652 ccm
Leistung / Umdrehung	48 / 34 PS (35 / 25 KW) / 6.500 / 5.700 U/min
Max. Drehmoment / Umdrehung	57 / 48 Nm / 5.200 / 4.200 U/min
Anzahl Ventile / Ventilsteuerung	4 / dohc über Kette und Tassenstößel
Gemischaufbereitung	2 Gleichdruckvergaser Mikuni
Anzahl Gänge / Antrieb	5 / Kette
Rahmen	Doppelschleifen-Stahlrohr, angeschraubtes Heck
Vorderradfederung	Teleskopgabel mit hydraulischen Stoßdämpfern
Hinterradfederung	Langarmschwinge, Zentralfederbein
Federweg vorn / hinten	170 / 165 mm
Bremsen vorn	Einscheibenbremse 300 mm
Bremsen hinten	Einscheibenbremse 240 mm
Länge / Breite / Höhe	2180 / 880 / 1220 mm
Tankinhalt	17,5 l
Leergewicht vollgetankt / zul. Gesamtgewicht	191 / 371 kg
Beschleunigung 0–100 km/h	6,2 s
Höchstgeschwindigkeit	163 (145) km/h
Stückzahl	51.405
Preis	10.950 DM

Meilenstein in der Modellgeschichte von BMW bezeichnet werden, auch wenn es keinen Boxer-Motor besitzt. Seit der R 27 von 1966 hatte BMW keinen Einzylinder mehr im Portfolio. Die neue F war nicht mit Kardan ausgestattet, sondern besaß eine normale Kette als Hinterradantrieb. 1996 erhielt die F 650 ein kleines Facelift und ihr wurde eine straßenorientierte ST-Variante zur Seite gestellt. Die Facelift-F ist erkennbar an den nicht mehr in die Verkleidung integrierten Blinkern und dem Windschild.

Die Einspritzer-F 650 GS

Nach immerhin sechs Jahren Bauzeit ging die Vergaser-F in Rente und wurde 1999 von der modernen F 650 GS ersetzt. Sie war der erste Einzylinder mit Benzineinspritzung, elektronischem Motormanagement und geregeltem Dreiweg-Katalysator am Motorradmarkt. Erstmals gab es auch für die Einzylinder-GS optional ABS. Der Tank wanderte schwerpunktgünstig unter die Sitzbank, was ein fantastisches Handling erzeugte. Der hausintern stark überarbeitete Motor mit optimiertem Zylinderkopf besaß einen Motorlauf, der der Laufkultur eines Reihen-Zweizylinders

Die Einspritzer-F 650 GS:
ein sehr erfolgreiches und
technisch ausgreiftes Modell

fast ebenbürtig war. Trotz der Technik glänzte die kleine GS mit absoluter Zuverlässigkeit, weshalb sie bis heute gerne als Fernreisefahrzeug eingesetzt wird. Von 2002 bis 2006 bot BMW auf Basis der GS auch eine Straßenvariante an. Die F 650 CS fiel aber aufgrund ihrer Verspieltheit und der sehr gewöhnungsbedürftigen Optik bei der Käuferschaft durch. Viel besser kam die F 650 GS Dakar an. Sie erhielt ein 21-Zoll-Vorderrad (deshalb musste sie anfangs ohne optionales ABS auskommen), ein Fahrwerk mit 210 mm mehr Federweg und eine Lackierung, die ab dem Modelljahr 2002 an die Erfolge bei der Rallye Paris-Dakar mit Desertblue und Auraweiß an die Lackierung der BMW-Wettbewerbsfahrzeuge angelehnt war. Schon aufgrund des Fahrwerks empfahl sich die Dakar als Reisemotorrad für eine Person mit Gepäck. Im Jahr 2004 erhielt die F 650 GS / Dakar im Zuge eines Facelifts eine Doppelzündung und leichte optische Retuschen im Bereich der Verkleidung und der Cockpiteinheit. Das äußerst beliebte GS-Modell wird seit 2007 in Europa nicht mehr angeboten. Unter der Bezeichnung G 650 GS baute BMW das Fahrzeug allerdings für den Markt in Südamerika weiter.

TECHNISCHE DATEN – MODELL F 650 GS / DAKAR	
Produktionsbeginn / Produktionsende	1999 (2000 Dakar) / 2007
Motorart	Viertakt, Einzylinder, wassergekühlt
Bohrung / Hub	100 x 83 mm
Hubraum	652 ccm
Leistung / Umdrehung	50 / 34 PS (37 / 25 KW) / 6.500 / 5.500 U/min
Max. Drehmoment / Umdrehung	60 / 51 Nm / 4.800 / 4.000 U/min
Anzahl Ventile / Ventilsteuerung	4 / dohc über Kette und Tassenstößel
Gemischaufbereitung	Elektronische Saugrohreinspritzung, Doppelzündung
Anzahl Gänge / Antrieb	5 / Kette
Rahmen	Brückenrohrrahmen aus Stahlprofilen, angeschraubten Heckrahmen
Vorderradfederung	Teleskopgabel, Standrohrdurchmesser 41 mm
Hinterradfederung	Zweiarm-Kastenschwinge
Federweg vorn / hinten	170 / 165 (210 / 210) mm
Bremsen vorn	Einscheibenbremse 300 mm, optional ABS *
Bremsen hinten	Einscheibenbremse 240 mm
Tankinhalt	17,3 l
Leergewicht vollgetankt / zul. Gesamtgewicht	192 / 380 (193 / 380 Dakar) kg
Beschleunigung 0–100 Km/h	4,9 s
Höchstgeschwindigkeit	145 / 170 km/h
Stückzahl	111.286
Preis	7.540 Euro (Dakar: 8.150 Euro)

* 1. Generation Dakar-Modell 2000 noch ohne ABS

Die F 650 GS Dakar mit 21-Zoll-Vorderrad und großen Federwegen empfiehlt sich als Reiseenduro.

F 650 GS Dakar nach dem Facelift im Jahr 2004

G wie Gescheitert

Die drei G-Modelle G 650 Xchallenge, G 650 Xcountry und G 650 Xmoto, die 2006 auf den Markt kamen, sollten den Einzylinder-Enduromarkt speziell gegenüber KTM gehörig aufmischen. Sie versagten leider kläglich. Nicht nur, dass sie allesamt zu teuer waren, sie erfüllten auch die jeweilig gesetzten Ansprüche des Konzeptes nicht. Die Xchallenge war in der Sitzhöhe viel zu hoch, sodass nur Fahrer über 185 Zentimeter Körpergröße das Fahrzeug sicher beherrschen konnten. Viele Führerscheinneulinge, die oftmals eine Grundunsicherheit plagt, und zahlreiche Frauen schieden so als Kunden von vornherein aus. Das wäre für BMW bis dato kein allzu großes Problem gewesen, hätte man die Fahrzeuge nicht speziell für diese Zielgruppe entwickelt und gebaut.

Die Xchallenge und die Xmoto verschwanden schon nach zwei Jahren vom Markt, die Xcountry wurde noch ein Jahr länger verkauft. 2009 war endgültig Schluss mit den Modellen der G-Baureihe. Die Xcountry konnte mit

Der G 650 Xcountry (Bild oben) und der Xmoto (unten) war kein Erfolg am Markt gegönnt. Die urbane Xcountry hielt sich noch etwas länger, bevor auch sie von der Bildfläche verschwand.

Die G 650 Xchallenge ist, mit dem richtigen Zubehör (hier mit großem Tank und Alukoffern von Touratech) ausgestattet, durchaus tourentauglich.

TECHNISCHE DATEN – MODELL G 650 XCHALLENGE – XMOTO – XCOUNTRY	
Produktionsbeginn / Produktionsende	2006/08 – 2006/08 – 2006/09
Motorart	Viertakt, Einzylinder, wassergekühlt
Bohrung / Hub	100 x 83 mm
Hubraum	652 ccm
Leistung / Umdrehung	53 PS (39 KW) / 7.000 U/min
Max. Drehmoment / Umdrehung	60 Nm / 5.250 U/min
Anzahl Ventile / Ventilsteuerung	4 / dohc über Kette und Tassenstößel
Gemischaufbereitung	Elektronische Saugrohreinspritzung, Doppelzündung
Anzahl Gänge / Antrieb	5 / Kette
Rahmen	Brückenrohrrahmen aus Stahlprofilen
Vorderradfederung	45 mm Upside-down-Gabel
Hinterradfederung	Zweiarm-Aluminiumguss-Schwinge
Federweg vorn / hinten	270 / 270 – 270 / 215 – 240 / 210 mm
Bremsen vorn	Einscheibenbremse 300 – 320 – 300 mm, optional ABS
Bremsen hinten	Einscheibenbremse 240 mm
Tankinhalt	9,5 l
Leergewicht vollgetankt / zul. Gesamtgewicht	156 / 335 – 159 / 335 – 160 / 335 kg
Beschleunigung 0 – 100 km/h	4,0 s
Höchstgeschwindigkeit	165 – 170 – 170 km/h
Stückzahl	13.054 (insgesamt)
Preis	8.200 – 8.700 – 6.900 Euro

ihrem langweiligen Design Jugendliche nicht begeistern, sodass die meisten dieser Maschinen ihr Dasein mittlerweile als Zweit- oder Stadtfahrzeuge älterer Herrschaften fristen.

Das Design der Xmoto hätte bei Jugendlichen funktionieren können, doch war sie im Vergleich zur KTM-Konkurrenz zu leistungsschwach. Die Attribute „teurer" und „schwächer" haben noch niemanden zu einem Fahrzeugwechsel bewogen.

Dagegen verhilft seit 2011 das neue G-Modell G 650 GS mit seinen Erbanlagen und positiven Eigenschaften aus der alten, sehr erfolgreichen F 650 GS der G-Reihe innerhalb der Modellpalette von BMW Motorrad wieder zu neuem Glanz.

Die 1200-ccm-GS

Waren die G/S-Markteinführung im Jahr 1980 und jene der R 1100 GS von 1994 bis dato die größten Meilensteine in der GS-Entwicklung, so darf die Premiere der revolu-

Auch die revolutionär neue R 1200 GS eignet sich hervorragend für Schotterpisten und Fernreisen (im Bild mit Sonderausstattungen und externem Zubehör von Touratech).

tionären R 1200 GS 2004 als drittes prägnantes Ereignis in der Geschichte der BMW GS angesehen werden. Abermals schaffte es BMW, die Journalisten und Käufer zu überraschen und ein völlig neues Fahrzeug zu präsentieren. Im Vordergrund stand neben der starken Motorüberarbeitung vor allem die Reduzierung des Fahrzeuggewichtes. Es wurde damit geworben, dass die R 1200 GS satte 30 Kilogramm leichter ausgefallen war als die Vorgängerin R 1150 GS. Ausstattungsbereinigt stimmt dies zwar nicht ganz, aber dennoch war der Fortschritt unverkennbar und BMW Motorrad leitete eine Kehrtwende bei den großen Reiseenduros ein. Leicht, dynamisch und leistungsstark waren die neuen Ansprüche.

In den ersten beiden Jahren musste sich die GS-Kundschaft allerdings durch allerlei Kinderkrankheiten quälen. Den Verkaufserfolg der Hightech-GS konnte das aber nicht schmälern. Am 27. Juli 2007 ließ BMW per Pressemeldung verkünden, dass die 100.000 R 1200 GS (inklusive 15.627 Adventure-Modell) vom Band gelaufen war und die große Reiseenduro somit das erfolgreichste BMW-Motorrad aller Zeiten sei.

TECHNISCHE DATEN – MODELL R 1200 GS / ADVENTURE (BIS 2007)	
Produktionsbeginn / Produktionsende	2004 / 2007 (ab 2005 ADV)*
Motorart	Viertakt, Zweizylinder-Boxer, luft-/ölgekühlt
Bohrung / Hub	101 x 73 mm
Hubraum	1.170 ccm
Leistung / Umdrehung	100 PS (74 KW) / 7.000 U/min
Max. Drehmoment / Umdrehung	115 Nm / 5.500 U/min
Anzahl Ventile / Ventilsteuerung	Je 4 / hc über Stößelstangen und Kipphebel
Gemischaufbereitung	Elektronische Einspritzung, BMS-K, DZ
Anzahl Gänge / Antrieb	6 / Kardan
Rahmen	Zweiteiliges Rahmenkonzept
Vorderradfederung	Telelever, 41 mm Standrohr mit Zentralfederbein
Hinterradfederung	Paralever, WAD-Federbein
Federweg vorn / hinten	190 / 200 mm
Bremsen vorn	Doppelscheibenbremse 305 mm, optional ABS
Bremsen hinten	Einscheibenbremse 265 mm
Tankinhalt	20 (33 ADV) l
Leergewicht vollgetankt / zul. Gesamtgewicht	225 / 435 (256 / 475 ADV) kg
Beschleunigung 0–100 km/h	3,4 s
Höchstgeschwindigkeit	über 200 km/h
Stückzahl	108.466 (davon 18.320 ADV)
Preis	11.500 Euro

* 1. Generation 2004–2007, Modellüberarbeitung 2008/09, technische Überarbeitung ab 2010

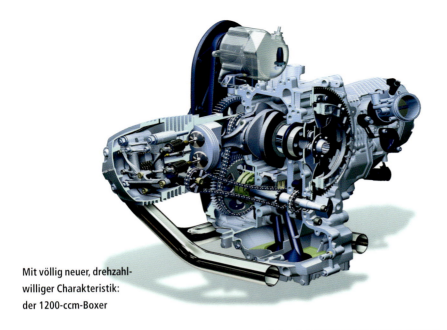

Mit völlig neuer, drehzahl-
williger Charakteristik:
der 1200-ccm-Boxer

Neue Paralever-Schwinge mit
oben angebrachter Moment-
abstützung

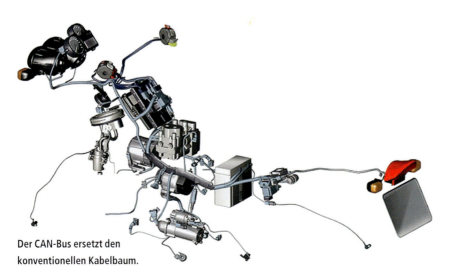

Der CAN-Bus ersetzt den
konventionellen Kabelbaum.

Hatte BMW den 1100-ccm-Motor noch in einem Straßenmodell (R 1100 RS) präsentiert, konzentrierte man sich im Jahr 2004 erst einmal zu 100 Prozent auf die erfolgreiche Reiseenduro. Bis auf das Boxer-Grundprinzip zeigte sich der Motor komplett überarbeitet. Das Gewicht wurde um 3 Kilogramm im Vergleich zum 1150-GS-Motor gesenkt und die Leistung auf 98, respektive auf 100 PS Leistung gesteigert. Eine Ausgleichswelle unterband Vibrationen. Die Charakteristik des Motors hatte sich von Grund auf verändert. Kommt der Motor der R 1150 GS mit Drehmoment von unten heraus, so will der neue 1.200er-Motor nach oben gedreht werden. Das angeflanschte neue 6-Gang-Getriebe ist schräg verzahnt und erstmals auf japanischem Niveau.

Auch die Paralever-Schwinge erhielt mit dem neuen Modell 2004 eine komplette Überarbeitung. Am auffälligsten ist die nach oben gewanderte Momentabstützung, die in dieser Position besser vor Beschädigungen geschützt ist. Die hohl gebohrte Radachse ist spektakulär und spart Gewicht.

Hightech in der GS

Die neue R 1200 GS wies bei der Premiere allerlei technische Sensationen auf. Heiß diskutiert wurde der CAN-Bus, der in seiner Funktion als Datenautobahn den bis dahin üblichen Kabelbaum ersetzte. Man glaubte nicht an dessen dauerhafte Zuverlässigkeit, was sich jedoch als unbegründet herausstellte, da es nie Probleme mit diesem System gab. Viel störanfälliger präsentierte sich da die Ringantenne, die der Elektronischen Wegfahrsperre (EWS) durch die Schlüsselerkennung signalisiert, dass gestartet werden darf. Im Juni 2008 fand diesbezüglich eine Rückrufaktion statt.

Neben dem Motormanagement, das ebenfalls den Weg ins digitale Zeitalter gefunden hatte, und das mit Schubschaltung und Klopfregelung auch für den Betrieb mit Normalbenzin oder für Fahrten in Länder mit schlechter Benzinqualität gewappnet war, wurde das Cockpit komplett neu gestaltet und hatte einen modernen Flatscreen als Anzeigeinstrument.

Ab dem Modelljahr 2007 (Produktion nach der Sommerpause 2006) hatte BMW schließlich ein Einsehen und schaffte den bei der Kundschaft unbeliebten Bremskraftverstärker (BKV) wieder ab. Seitdem wird das Integral-ABS ohne BKV in der Teil-Integral-Version bei den

Die Komponenten der modernen Technik sichtbar gemacht: ABS (oben) und ASC (unten)

Die R 1200 GS Adventure beeindruckt durch ihre schiere Größe und ist das perfekte Reisemotorrad.

TECHNISCHE DATEN – MODELL R 1200 GS / ADVENTURE (AB 2008 MÜ)	
Produktionsbeginn / Produktionsende	2008/09 (ADV)*
Motorart	Viertakt, Zweizylinder-Boxer, luft-/ölgekühlt
Bohrung / Hub	101 x 73 mm
Hubraum	1.170 ccm
Leistung / Umdrehung	105 PS (77 KW) / 7.500 U/min
Max. Drehmoment / Umdrehung	115 Nm / 5.750 U/min
Anzahl Ventile / Ventilsteuerung	Je 4 / hc über Stößelstangen und Kipphebel
Gemischaufbereitung	Elektronische Einspritzung, BMS-KP, Doppelzündung
Anzahl Gänge / Antrieb	6 / Kardan
Rahmen	Zweiteiliges Rahmenkonzept
Vorderradfederung	Telelever, 41 mm Standrohr mit Zentralfederbein
Hinterradfederung	Paralever, WAD-Federbein
Federweg vorn / hinten	190 / 200 mm
Bremsen vorn	Doppelscheibenbremse 305 mm, optional ABS
Bremsen hinten	Einscheibenbremse 265 mm
Tankinhalt	20 (33 ADV) l
Leergewicht vollgetankt / zul. Gesamtgewicht	229 / 440 (256 / 475 ADV) kg
Beschleunigung 0–100 km/h	3,3 (3,9 ADV) s
Höchstgeschwindigkeit	über 200 km/h
Stückzahl	59.946 (davon 21.616 ADV)
Preis	12.500 Euro

* 1. Generation 2004–2007, Modellüberarbeitung 2008/09, technische Überarbeitung ab 2010

GS-Modellen verbaut. Mit der Abschaffung des Bremskraftverstärkers zog ein neues Hightech-Feature optional in die Serie ein. Das neu entwickelte Automatic-Stability-Control-System, kurz ASC genannt, dient als Antriebsschlupfregelung und verhindert wirkungsvoll das Durchdrehen des Hinterreifens auf rutschigem Untergrund, beispielsweise beim Beschleunigen am Kurvenausgang auf nasser Straße.

2005: die neue Adventure

Glaubte man schon bei der R 1150 GS Adventure, dass es nicht größer ginge, sah man sich mit Erscheinen der R 1200 GS Adventure eines Besseren belehrt. Speziell die Front beeindruckte mit ihrer schieren Wuchtigkeit. Allerdings fährt sich diese ADV deutlich leichter und agiler, als ihr optischer Auftritt vermuten lässt. Die Unterschiede zur normalen R 1200 GS sind ein großer 33-Liter-Tank, ein riesiges Windschild, eine Sportsitzbank sowie 20 Millimeter größere Federwege. Für lange Touren mit zwei Personen und viel Gepäck empfiehlt sich die Adventure als hervorragendes Reisemotorrad.

Perfekte GS: Die HP2 ist leicht, stark, geländegängig und mit hochwertigen Komponenten ausgestattet. Finanziell für viele GS-Fans als Neufahrzeug unerreichbar, ist die HP2 auch gebraucht gesucht und teuer.

Kurzes High-Performance-Intermezzo

Im Jahr 2005 überraschte BMW mit einem puristischen Gelände-Boxer, der HP 2 Enduro. Motor, Getriebe, Kardan und Elektronik stammten aus der R 1200 GS. Das Ganze wurde jedoch in einem von HPN entwickelten Gitterrohr-Rahmen verbaut und sollte der Idealvorstellung einer leichten und leistungsstarken Enduro sehr nahe kommen. Leider war nicht nur das Fahrzeug High Performance, sondern auch der Preis. Die zuletzt 17.300 Euro konnten sich viele GS-Fans für eine HP 2 nicht leisten. Um die Geländegängigkeit zu erhöhen (hier schneidet der Telelever durch die indirekte Lenkung nicht besonders gut ab) wurde bei der HP 2 eine konventionelle Upside-down-Gabel mit wegabhängiger Dämpfung (WAD) verbaut. Hinten kam ein innovatives Luft-Feder-Dämpfungssystem zum Einsatz. Statt Hydraulikflüssigkeit wird bei dieser Konstruktion Luft durch einen Kolben verdrängt und durch Plattenventile in eine zweite Kammer geleitet. Die Dämpfung wird durch eine Drosselung der Luftströme erreicht. Die komprimierbare Luft übernimmt hierbei die Federung und ersetzt so eine übliche Stahlfeder. Leider

TECHNISCHE DATEN – MODELL HP 2 ENDURO	
Produktionsbeginn / Produktionsende	2005 / 2007
Motorart	Viertakt, Zweizylinder-Boxer, luft-/ölgekühlt
Bohrung / Hub	101 x 73 mm
Hubraum	1.170 ccm
Leistung / Umdrehung	105 PS (77 KW) / 7.000 U/min
Max. Drehmoment / Umdrehung	115 Nm / 5.500 U/min
Anzahl Ventile / Ventilsteuerung	Je 4 / hc über Stößelstangen und Kipphebel
Gemischaufbereitung	Elektronische Einspritzung, BMS-K, DZ
Anzahl Gänge / Antrieb	6 / Kardan
Rahmen	Gitterrohrrahmen aus Stahlrohren
Vorderradfederung	Upside-down-Gabel, 45 mm Durchmesser
Hinterradfederung	Alu-Einarmschwinge, Luftfederbein
Federweg vorn / hinten	270 / 250 mm
Bremsen vorn	Einscheibenbremse 305 mm
Bremsen hinten	Einscheibenbremse 265 mm
Tankinhalt	13 l
Leergewicht vollgetankt / zul. Gesamtgewicht	195 / 380 kg
Beschleunigung 0–100 km/h	3,4 s
Höchstgeschwindigkeit	200 km/h
Stückzahl	2.910
Preis	17.300 Euro

HP = High Performance

Leicht zu unterscheiden: oben
die 1. Generation der
R 1200 GS bis 2007, unten die
Modellüberarbeitung (MÜ) ab
2008 mit Edelstahl-Seiten-
cover und 105 PS

gab BMW der HP 2 schon nach zwei Jahren Bauzeit keine
Chance mehr und stellte die Produktion ein.

Modellüberarbeitung 2008

Nach den technischen Änderungen zum Modelljahr 2007
nahm BMW 2008 eine Modellüberarbeitung (MÜ) vor.
Diese Fahrzeuge (bis einschließlich 2009) werden daher
gerne nur als MÜ-Modelle bezeichnet. Die Veränderungen lagen hauptsächlich im optischen Bereich. So sollten
die seitlichen Tankcover mit Edelstahlblenden das bisher
von Kunststoff dominierte Erscheinungsbild aufwerten.
Das Rücklicht erstrahlte nunmehr in moderner LED-
Technik. Die Motorleistung wurde geringfügig auf 105 PS
gesteigert, was allerdings nicht bei allen Kunden gut an-
kam, da die Versicherungsbeiträge dadurch stiegen. BMW
ließ daraufhin passend abgestimmte Versicherungsange-
bote „schneidern". Die wichtigste technische Änderung
war das neue Enduro-ESA (Elektronische Fahrwerksan-
passung), das dem Fahrer erlaubte, per Knopfdruck am

Die neue DOHC-R 1200 GS
und Adventure ab 2010 mit
110 PS starkem Boxer-Motor

der sowie radial angeordnete Ventile. Die Motorleistung wurde auf 110 PS Leistung und das maximale Drehmoment auf 120 Nm gesteigert. Insgesamt verbesserten sich die Beschleunigungs- und Durchzugswerte der GS spürbar. Nicht spürbar, aber deutlich hörbar ist der neue Sound der DOHC-GS. Durch eine elektronisch gesteuerte Abgasklappe im Auspuff wird ein kerniger Ton generiert. Da sich die überarbeiteten GS optisch nicht von der 2008/09

Lenker das Fahrwerk dem jeweiligen Beladungs- und Fahrbahnzustand anzupassen. Dies ist nicht nur ein Zuwachs an Fahrkomfort, sondern auch ein Sicherheitsgewinn. Auch der Adventure wurden all diese technischen Erneuerungen zuteil, sie veränderte sich optisch aber kaum.

Die neue R 1200 GS / Adventure DOHC

Bereits im Jahr 2010 musste sich die GS erneut einer Überarbeitung unterziehen. Diesmal einer technischen, daher werden diese Modelle in der GS-Szene meist nur TÜ genannt. Die größte Änderung hat hierbei der Motor erfahren. Er erhielt zwei oben liegende Nockenwellen pro Zylin-

TECHNISCHE DATEN – MODELL R 1200 GS / ADVENTURE (TÜ)	
Produktionsbeginn / Produktionsende	2010 (ADV) / bis heute*
Motorart	Viertakt, Zweizylinder-Boxer, luft-/ölgekühlt
Bohrung / Hub	101 x 73 mm
Hubraum	1.170 ccm
Leistung / Umdrehung	110 PS (81 KW) / 7.750 U/min
Max. Drehmoment / Umdrehung	120 Nm / 6.000 U/min
Anzahl Ventile / Ventilsteuerung	Je 4 / DOHC
Gemischaufbereitung	Elektronische Einspritzung, BMS-K, DZ
Anzahl Gänge / Antrieb	6 / Kardan
Rahmen	Zweiteiliges Rahmenkonzept
Vorderradfederung	Telelever, 41 mm Standrohr mit Zentralfederbein
Hinterradfederung	Paralever, WAD-Federbein
Federweg vorn / hinten	190 / 200 (210 / 220) mm
Bremsen vorn	Doppelscheibenbremse 305 mm, optional ABS
Bremsen hinten	Einscheibenbremse 265 mm
Tankinhalt	20 (33 ADV) l
Leergewicht vollgetankt / zul. Gesamtgewicht	229 / 440 (256 / 475 ADV) kg
Beschleunigung 0–100 km/h	3,7 (3,9) s
Höchstgeschwindigkeit	über 200 km/h
Stückzahl	(wird noch gebaut)
Preis	13.150 (14.750) Euro – ohne Extras

* 1. Generation 2004–2007, Modellüberarbeitung 2008/09, technische Überarbeitung ab 2010

Die 2008 präsentierte F 650 GS hat ebenfalls den 798-ccm-Motor, aber „nur" 71 PS Leistung.

unterscheiden, kann man diese Fahrzeuge leicht am neuen Zylinderkopf beziehungsweise an den Ventildeckeln mit der Zündkabelführung nach unten anstatt nach hinten erkennen. Auch die Adventure bekam den neuen Motor.

Die Reihen-Zweizylinder-GS

Seit 2008 gibt es die neuen Reihen-Zweizylinder GS-Modelle F 650 GS und F 800 GS. Der Absatz gibt dem Konzept am Markt recht, handliche Enduros mit ausreichender Leistung in einem guten Preis-Leistungs-Verhältnis anzubieten – spezialisiert auf je zwei Haupteinsatzzwecke. Die F 650 GS und die F 800 GS haben denselben Motor mit 800 ccm Hubraum. Beim F 650-Modell ist die Leistung auf 71 PS reduziert. Auf der kurvenreichen Landstraße fällt dies aber kaum ins Gewicht, da zwar das maximale Drehmoment mit 75 Nm (F 800 GS: 83 Nm) geringer ausfällt, dieses aber schon bei 4.500 U/min (F 800 GS: 5.750 U/min) ansteht. Nicht unähnlich der alten F 650 ST (Einzylinder) ist die 650 GS deutlich straßenorientierter als ihre große Schwester F 800 GS. Durch den Verbau einer konventionellen Telegabel mit einem kleine-

TECHNISCHE DATEN – MODELL F 650 / 800 GS	
Produktionsbeginn	seit 2008
Motorart	Viertakt, Zweizylinder, wassergekühlt
Bohrung / Hub	82 x 75,6 mm
Hubraum	798 ccm
Leistung / Umdrehung	71 / 85 PS (52 / 63 KW) / 7.000 / 7.500 U/min
	650 GS auch mit 34 PS (25 KW) / 5.000 U/min
Max. Drehmoment / Umdrehung	75 / 83 Nm / 4.500 / 5.750 U/min
	650 GS mit 34 PS 57 Nm / 3.000 U/min
Anzahl Ventile / Ventilsteuerung	Je 4 / dohc
Gemischaufbereitung	Elektronische Einspritzung, BMS-K+
Anzahl Gänge / Antrieb	6 / Kette
Rahmen	Stahlgitterrohrrahmen, Motor mittragend
Vorderradfederung	Teleskopgabel / Upside-down-Gabel, Standrohrdurchmesser 41 / 45 mm
Hinterradfederung	Zweiarm-Aluminiumguss-Schwinge
Federweg vorn / hinten	180 / 170 (230 / 215) mm
Bremsen vorn	Einscheibe (Doppelscheibe) 300 mm, optional ABS
Bremsen hinten	Einscheibenbremse 265 mm
Tankinhalt	16 l
Leergewicht vollgetankt / zul. Gesamtgewicht	199 / 436 (207 / 443) kg
Beschleunigung 0–100 km/h	4,3 / 4,1 s
Höchstgeschwindigkeit	185 / über 200 km/h
Stückzahl	(wird noch gebaut)
Preis	8.050 / 10.150 Euro

ren 19-Zoll-Vorderreifen und einem Fahrwerk mit verringertem Federweg wird eine Sitzhöhe erreicht, die 6 Zentimeter unterhalb der F 800 GS liegt. Somit eignet sich die „kleine GS" besonders für Fahranfänger, die sich zum Beispiel beim Ampelstopp einen sicheren Stand wünschen oder für kleinere Fahrer, die eine niedrigere Sitzposition bevorzugen. Zwar fallen bei der F 650 GS einige Bauteile, wie zum Beispiel Verkleidung, Fahrwerk und Felgen, etwas einfacher aus als bei der F 800 GS, dennoch ist die F 650 GS eine gelungene Maschine, die zu mehr als nur dem viel bemühten Ausflug auf der Hausstrecke taugt.

Die Eigenschaften der F 800 GS haben sich viele Motorradfahrer seit Jahren gewünscht. Hier wird ein stimmiges Gesamtpaket geboten. Der neue Reihen-Zweizylinder-Motor hat mit 85 PS ausreichend Leistung (so viel wie eine R 1150 GS), und in Kombination mit dem relativ geringen Fahrzeuggewicht von 207 Kilogramm ergibt sich ein sehr gutes Handling. Vorne arbeitet eine 45-Millimeter-Upside-down-Gabel mit 230 Millimetern Federweg, hinten werkelt ein wegabhängig gedämpftes Federbein mit 215 Millimetern Federweg. Der 21-Zoll-Vorderreifen in Verbindung mit dem robusten Gitterrohrrahmen und der stabilen Aluminium-Zweiarmschwinge vermittelt nicht nur Endurofeeling, sondern kann auch im gemäßigten Geländeeinsatz hundertprozentig überzeugen. Mit der sehr guten Soziustauglichkeit in Kombination mit dem Vario-Koffersystem von BMW steht einer großen Urlaubsreise mit zwei Personen und Gepäck nichts im Weg. BMW erfüllte mit der F 800 GS aber nicht nur die Wünsche der BMW-Fahrer, sondern auch vieler Africa-Twin-Fahrer, die vergeblich auf ein Nachfolgemodell von Honda warten und die Zweizylinder-GS als ernsthafte Alternative zu ihrem Gefährt wahrnehmen.

Zwar basiert der 800-GS-Motor auf den Motoren der 2006 am Markt eingeführten Modelle F 800 S und ST, wurde aber für den Einsatz in den neuen GS-Modellen überarbeitet. Der Winkel der Zylinderbank beträgt nur noch 8,5 Grad, somit steht der Motor fast senkrecht im Chassis. Der Antrieb wurde in Kooperation mit Bombardier-Rotax entwickelt und wird in Österreich produziert. Ein zusätzlicher Schwenkpleuel sorgt durch die Kompensation der Massenkräfte für eine außergewöhnliche Laufruhe. Der mit einem schönen Klangbild ausgestattete Twin zeichnet sich mit 4,4 l/100 km darüber hinaus auch mit einem sehr niedrigen Verbrauch aus.

Niedriges Gewicht, zusammen mit ausreichender Leistung und Standfestigkeit: Die BMW F 800 GS ist die Maschine, die sich viele (auch markenfremde) Motorradfahrer seit Jahren gewünscht haben.

Kräftiges Aggregat mit niedrigem Spritverbrauch: der neue BMW F-Zweizylinder-Reihenmotor

R 80 G/S Paris-Dakar: Vorbild für die Farbgebung der „30 Jahre GS"-Jubiläumsmodelle 2010

F 650 GS und F 800 GS im Farbkleid der „30 Jahre GS"-Edition mit roter Sitzbank

Die Sondermodelle „30 Jahre GS"

Alle GS-Modelle gab es für das Jubiläumsjahr 2010 in einer Sonderedition „30 Jahre GS". Sie sollten den anhaltenden Erfolg der Baureihe würdigen. Die Unterschiede zu den normalen Modellen wurden durch ein paar optische Retuschen und durch die Verwendung exklusiver Bauteile erzeugt.

Als Erstes stechen die roten Sitzbänke der Sondermodelle hervor. Diese sollten an die Ur-G/S erinnern, die ebenfalls mit einer knallroten Sitzbank 1980 herauskam. Im Gegensatz zu damals ist heute noch ein dreidimensionales „GS" im Sitzbezug eingeprägt.

Die in Alpinweiß gehaltene Uni-Lackierung ziert im Tankbereich ein dreifarbiges Dekor, das in den BMW-Motorsportfarben gehalten ist und entfernt an die Lackierung

der ersten Paris-Dakar-Modelle erinnert. Darauf prangt als Qualitätsmerkmal der Schriftzug „30 Years GS".

Die Kreuzspeichenräder sind bei allen Jubiläumsmodellen (bis auf F 650 GS) mit einem schwarz eloxierten Felgenring ausgestattet. Nicht völlig schwarz, aber getönt präsentieren sich die Windschilder der Sondermodelle. Zusammen mit den Handprotektoren geben sie ein stimmiges Gesamtbild ab.

Technisch unterscheiden sich die „30 Jahre GS"-Sondermodelle nicht von den normalen GS. Wer solch ein Fahrzeug sein Eigen nennt, darf damit rechnen, dass es sich in ein paar Jahren um ein gesuchtes Gebrauchtfahrzeug handeln wird. Sondermodelle verkaufen sich immer gut, egal ob neu oder gebraucht und der Anlass zum Feiern stimmt in diesem Fall.

Die Modellpalette 2011

Die GS-Modellpalette 2011 ist recht übersichtlich, deckt aber den breiten Bedarf der Käuferschaft zufriedenstellend ab. Neben dem sportlichen 450er-Einzylinder, verkörpert die G 650 GS den perfekten Einstieg für junge Fahrer und Einzylinder-Liebhaber. Etwas höher steigt die F 650 GS mit 800-ccm-Motor, aber gedrosselter Leistung ein. Die F 800 GS wildert dagegen in vielen Revieren erfolgreich

und macht sowohl Motorrädern anderer Hersteller Konkurrenz als auch hausintern den Boxer-GS. R 1200 GS und Adventure stehen an der Spitze einer drei Jahrzehnte andauernden Fahrzeugentwicklung.

Die G 450 X ist als Wettbewerbs-Enduro mit innovativen technischen Lösungen auch im Modell-Portfolio 2011 präsent. Die G 650 GS, 2010 auf der Motorradmesse Eicma in Mailand präsentiert, entspricht technisch nahezu der F 650 GS aus den Jahren 1999 bis 2007. Sie fungiert als günstige und einfach zu handhabende Einsteiger-Enduro. Selbst Fahranfänger werden nicht überfordert. Jedoch besitzt die kleine GS durch ihre ausgereifte und zuverlässige Technik auch ernsthafte Fernreisequalitäten.

Die F 650 GS übernimmt die Rolle der Einsteiger-Maschine in die Zweizylinder-Welt von BMW. Sie besitzt sehr viele Komponenten der F 800 GS, kommt aber dennoch als eigenständiges und erwachsen wirkendes Fahrzeug daher. Wegen ihrer niedrigen Sitzhöhe und dem einfachen Handling ist sie besonders bei Frauen beliebt und entwickelte sich zu einem echten Verkaufshit.

Die F 800 GS ist das richtige Fahrzeug für die Enduro-Puristen. Von diesem Fahrzeug fühlen sich mittlerweile auch immer mehr Besitzer der 2-Ventil-Boxer-GS angesprochen. Das muss nicht immer bedeuten, dass sie sich von ihren alten Schätzen trennen, aber für den Alltag und

Die „30 Jahre GS"-Jubiläumsmodelle R 1200 GS, Adventure, F 800 GS und F 650 GS (von links)

Die Sportenduro im BMW Motorrad-Programm 2011: G 450 X

TECHNISCHE DATEN – MODELL G 450 X	
Produktionsbeginn	2008
Motorart	Viertakt, Einzylinder, wassergekühlt
Bohrung / Hub	98 x 59,6 mm
Hubraum	449,5 ccm
Leistung / Umdrehung	41 / 26 PS (30 / 19 KW) / 7.000 / 6.500 U/min
	52 PS (38 KW) / 9.000 U/min (Wettbewerb)
Max. Drehmoment / Umdrehung	43 / 30 Nm / 6.500 / 5.750 U/min
	44 Nm / 7.800 U/min (Wettbewerb)
Anzahl Ventile / Ventilsteuerung	4 / dohc
Gemischaufbereitung	Elektronische Saugrohreinspritzung
Anzahl Gänge / Antrieb	5 / Kette
Rahmen	Brückenrohrrahmen aus hochfestem Edelstahl
Vorderradfederung	Upside-down-Teleskopgabel 45 m
Hinterradfederung	Aluminium-Zweiarm-Gussschwinge
Federweg vorn / hinten	300 / 320 mm
Bremsen vorn	Einscheibenbremse 260 mm
Bremsen hinten	Einscheibenbremse 220 mm
Tankinhalt	8 l
Leergewicht vollgetankt / zul. Gesamtgewicht	121 / 280 kg
Höchstgeschwindigkeit	145 km/h
Preis	8.500 Euro

für Urlaubsreisen entspricht die F 800 GS ziemlich genau dem, was diese Zielgruppe sich vorstellt. Vor allem liegt sie im finanziellen Rahmen vieler Käufer.

Die R 1200 GS nimmt die Stellung der klassischen Boxer-GS im Portfolio ein. Voll ausgestattet mit ABS, Navigation und Koffersystem ist sie mit dem 110 PS starken DOHC-Boxer-Motor die perfekte Maschine für jeglichen Bedarf zwischen Hausstrecke und der ausgedehnten Urlaubsreise mit zwei Personen und Gepäck. Nach dem Sondermodell „30 Jahre GS" erschien für das Modelljahr 2011 die Edition „Triple Black". Zwar kein offizielles Sondermodell, dennoch ein Fahrzeug, das sich durch seine fast völlig schwarze Farbgebung und die GS-Prägung auf der Sitzbank von den normalen Modellen abhebt.

Die R 1200 GS Adventure ist fernreisetauglich ab Werk: Ihr 33-Liter-Tank ermöglicht große Reichweiten und das stabile Alukoffersystem, gefertigt beim Ausrüster Touratech, hält auch der Dauerbelastung auf groben Pisten stand. Mit diesem Modell verkauft BMW nicht einfach ein Motorrad, sondern Fernreiseträume.

Die neue Einsteiger-Klasse: Robuste G 650 GS basierend auf der Technik der F 650 GS von 2007

Die Zukunft der Boxer-GS

In den letzten Jahren wurde viel spekuliert über die Zukunft der klassischen, luftgekühlten Boxer-Motoren. Das Prinzip sei technisch ausgereizt und würde die immer strenger werdenden Anforderungen an Abgas- und Lautstärke-Werte in den nächsten Jahren nicht mehr einhalten können. Momentan hält BMW mit den DOHC-Modellen den Anschluss an die erstarkte Konkurrenz. Neben Yamaha mit der neuen XTZ 1200 SuperTeneré und Ducati mit der Multistrada 1200 wird wohl auch Triumph in naher Zukunft mit einer neuen „Reise-Tiger" mit mehr Hubraum, gesteigerter Leistung und vermutlich Kardanantrieb BMW im Stammsegment angreifen. Es stellt sich also die Frage, wie BMW Motorrad auf diese Situation reagieren wird. In Fachzeitschriften werden schon seit geraumer Zeit Zeichnungen von wassergekühlten Boxer-Motoren gezeigt. GS-Fans können der Zukunft jedoch gelassen entgegensehen, da BMW den Boxer als Alleinstellungsmerkmal nicht fallen lassen wird. Zumal die Motoren der letzten

TECHNISCHE DATEN – MODELL G 650 GS	
Produktionsbeginn	2011
Motorart	Viertakt, Einzylinder, wassergekühlt
Bohrung / Hub	100 x 83 mm
Hubraum	652 ccm
Leistung / Umdrehung	48 PS (35 KW) / 6.500 U/min
Max. Drehmoment / Umdrehung	60 Nm / 5.000 U/min
Anzahl Ventile / Ventilsteuerung	4 / dohc
Gemischaufbereitung	Elektronische Saugrohreinspritzung, BMS-CII
Anzahl Gänge / Antrieb	5 / Kette
Rahmen	Stahlbrückenrahmen
Vorderradfederung	Teleskopgabel
Hinterradfederung	Zweiarm-Kastenschwinge
Federweg vorn / hinten	170 / 165 mm
Bremsen vorn	Einscheibenbremse 300 mm, optional ABS
Bremsen hinten	Einscheibenbremse 240 mm
Tankinhalt	14 l
Leergewicht vollgetankt / zul. Gesamtgewicht	192 / 380 kg
Beschleunigung 0–100 km/h	5,7 s
Höchstgeschwindigkeit	170 km/h
Preis	6.900 Euro

Die erfolgreiche Mittelklasse ohne Mittelmaß (von links): BMW F 650 GS und F 800 GS

Jahre aus den Modellen F 800, S 1000 RR und der brandneue Sechszylinder jeweils als die Referenz ihrer Klasse gelten dürfen. Somit darf davon ausgegangen werden, dass

das gleiche technische Know-how in den kommenden Boxer investiert wird. BMW Motorrad wird auch künftig sicher auf die Boxer-GS als Zugpferd im Portfolio setzen.

Wunderschöne „Triple Black"-R 1200 GS mit edlen Felgen, Gabel und Motorblock in Schwarz

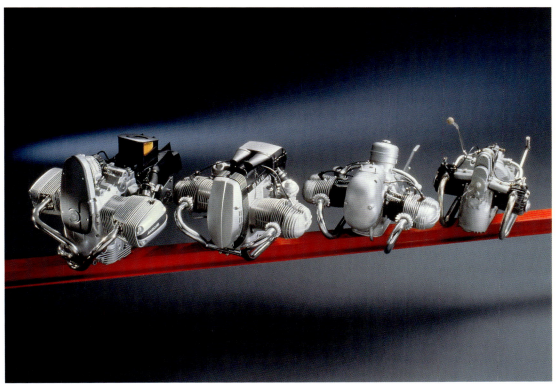

Ab Werk die perfekte Reise-
maschine: DOHC-R 1200 GS
Adventure mit 110 PS (oben)

Links: Die Generationen
der BMW Motorrad-Boxer-
Motoren von 1923 (im Bild
ganz rechts) bis 2002 (Ein-
fachzündung)

Die Zukunft wird wohl un-
vermeidlich wassergekühlt.

(Bild: Xavier Gordillo)

Wie alles begann ...

Von den Geländesport-Aktivitä

über die Rallye-Szene bis hin

zum Bau der ersten Prototypen

Bild links: 1969 mit Erwin Schmider (rechts) bei der Sechs-Tage-Fahrt in Garmisch

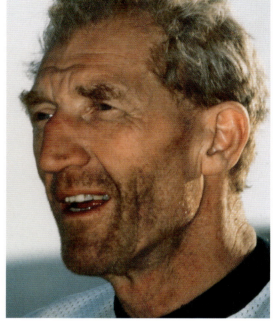

Bild rechts: Herbert Schek bei der Tunesien-Rallye 1994

Die Geländesport-Legende Herbert Schek

„Aufgegeben wird ein Brief, aber nie eine Fahrt!" Kein Satz charakterisiert die Einstellung von Heribert (wie er wirklich heißt) Schek (geboren am 30. Dezember 1932 in Wangen, Allgäu) zum Geländesportfahren besser.

Seine Geländesportkarriere startete am 6. Januar 1951 auf Maschinen der Marke Puch. Im Motorradgeschäft seines Vaters wurde auf seine Initiative neben Adler auch Puch verkauft. Sein erstes Rennen fuhr er auf einer 125er-Puch. Es war ein Ski-Jöring-Rennen, bei dem jeder Motorradfahrer einen Skifahrer an einem Seil hinter sich her zog. Diese offiziellen Veranstaltungen (viele wurden auch ungenehmigt auf Äckern durchgeführt) wurden vom ADAC organisiert. Obwohl er mit seiner Körpergröße und seinem Gewicht auf der 125er-Puch, die gerade mal 7,5 PS mobilisierte, materialtechnisch der Konkurrenz weit unterlegen war, gewann er das erste Rennen souverän und legte damit den Grundstein für die folgende Geländesport-Karriere. Im Folgejahr 1952 rüstete Herbert Schek auf. Er schwatzte seinem Vater eine 250-Kubikzentimeter-Puch mit 16 PS

ab und bestritt mit ihr die gesamte Rennsaison, einschließlich der internationalen Drei-Tage-Fahrt von Isny. In der Folge fuhr Schek alles, was ihm unter die Stollen kam. Nach einem erfolgreichen Rennwochenende hatte er teilweise bis zu 120 DM in der Tasche. Sein Gehalt als Lehrling in der Werkstatt lag bei 25 DM im ersten, 35 DM im zweiten und 45 DM im dritten Lehrjahr pro Monat.

Durch sein starkes Engagement bei zahlreichen Geländesport-Veranstaltungen und Bergrennen weckte er die Aufmerksamkeit des damaligen Puch-Versuchschefs. Nach und nach erhielt Herbert Schek Teile und auch werksseitige Unterstützung von Puch. Die Sechs-Tage-Fahrten (auch Six-Days genannt) waren damals die wichtigste Geländesport-Veranstaltung, da es noch keine Europa- oder Weltmeisterschaften gab. In der wichtigen Trophy-Klasse konnte Herbert Schek anfänglich aber nicht antreten, da hier nicht nur die Fahrzeuge, sondern auch die Fahrer jeweils die Nationalität des eingesetzten Team haben mussten und als deutscher Fahrer auf einem österreichischen Fabrikat war dies offensichtlich nicht der Fall. Insgesamt war er aber mit 25 Fahrten bei Six-Days-Veranstaltungen der Fahrer mit den meisten Teilnahmen überhaupt. Er gewann zwölf Rennen, sechs beendete er auf dem 2. Platz und einmal holte er Bronze. Sechs Mal musste Herbert Schek einen Ausfall hinnehmen. Im Jahr 1961 fuhr er in Wales (England) die letzte Sechs-Tage-Fahrt für Puch. Das deutsche Team gewann in diesem Jahr die Trophy-Klasse. Herbert Schek fuhr in der Silbervase-Klasse.

1962 erhielt Herbert Schek einen Fahrervertrag von Maico. In den Folgejahren 1963, 1964 und 1965 blieb er der Marke treu. 1962, 1964, 1965, 1967 und 1969 wurde er sogar deutscher Meister.

Durch diese Erfolge wurde der damalige Chef der Entwicklung von BMW Hans-Günther von der Marwitz auf ihn aufmerksam und fragte ihn, ob er im Folgejahr 1966 für BMW fahren wolle.

Herbert Schek nahm das sehr gute Angebot an und bestritt erstmalig eine Geländesport-Saison auf einem BMW-Motorrad. Damals ging ein Jugendtraum für ihn in Erfüllung. Trotz seines großen Engagements war der 1. Platz in der Meisterschaft, bedingt durch einen Unfall mit Schlüsselbeinbruch, nicht realisierbar und so wurde er in diesem Jahr Vizemeister. Dafür gewann er die Goldmedaille und holte den Gesamtsieg in der Klasse über 500 ccm bei der Enduro-Mannschafts-WM (Six-Days) in

5. Rallye Paris-Dakar 1983: Herbert Schek war auf seiner 1000-ccm-BMW mit Startnummer 99 mit 50 Jahren der älteste Teilnehmer. Die GS leistete 67 PS und erreichte 165 km/h Spitze.

Six-Days

Die wichtigsten Geländesport-Veranstaltungen in den 1960er-Jahren waren die Sechs-Tage-Fahrten (Six-Days), die anfänglich noch als Zuverlässigkeitsveranstaltungen für Motorräder ausgelegt waren. Erstmals in England 1913 ausgetragen, wurde hierbei fünf Tage im meist groben Gelände gefahren. Am sechsten Tag gab es dann eine Straßenetappe mit hohem Vollgasanteil. Hier wollten die Hersteller beweisen, dass ihre Motorräder nach fünf strapaziösen Tagen in anspruchsvollem Gelände auch am sechsten und entscheidenden Tag noch voll funktionsfähig waren. Die Veranstaltungen fanden in wechselnden Ländern statt. Austragungsort war immer jenes Land, das im Vorjahr die Mannschaftswertung gewonnen hatte. Zudem gab es verschiedene Klassen. Die Trophy war die wichtigste. Hier starteten die Nationalmannschaften der einzelnen Länder. Das Reglement schrieb hier vor, dass sowohl die Fahrzeuge beziehungsweise die Hersteller als auch die

Fahrer jeweils aus der vertretenen Nation stammen mussten. Das hieß, ein deutsches Team konnte nur aus deutschen Fahrzeugen und Fahrern bestehen, ein englisches nur aus englischen Fabrikaten und Fahrern. Da es aber auch Nationen gab, die keine eigene Motorradproduktion hatten, beschränkte diese Regelung die Gesamtzahl der Teilnehmer grundsätzlich zu stark. Um das Starterfeld zu vergrößern und somit auch die Attraktivität für die Zuschauer zu erhöhen, gab es daher noch die Silbervase-Klasse. Hier spielten Nationalitäten keine Rolle. Nur die Anzahl der eingesetzten Fahrzeuge und Fahrer war begrenzt. Die Trophy-Nationalmannschaft bestand aus sechs, die Silbervase-Mannschaft aus vier Mann. Die Silbervase war somit die zweitwichtigste Startergruppe. Jedes Land durfte eine Trophy- und zwei Silbervase-Mannschaften stellen. Unabhängig von der jeweiligen Hubraumklasse wurde nach Abschluss der Veranstaltung die Anzahl der gesammelten Punkte beziehungsweise der nicht gesammelten Strafpunkte aller Gruppenmitglieder addiert. Heraus

kam das Gesamtergebnis. Eine echte Europa- oder Weltmeisterschaft, wie man sie heute in vielen Motorsportklassen kennt, gab es zu diesem Zeitpunkt noch nicht. Aufgrund dieses Reglements gingen meist nur fünf bis sechs Länder mit Trophy-Nationalmannschaften an den Start, wobei parallel dazu 20–30 Silbervase-Teams antraten. Unterhalb dieser beiden Klassen gab es noch die Clubmannschaften. Grundsätzlich konnte man bei den Sechs-Tage-Fahrten nicht als Einzelfahrer antreten, sondern musste sich immer mit einer Mannschaft anmelden. Die OMK (Oberste Motorradsport Kommission) teilte damals die vorhandenen Lizenzfahrer in die jeweiligen Trophy- und Silbervase-Klassen ein. Die zu gewinnenden Preisgelder wurden von den Motorradherstellern und den Zulieferfirmen gestellt. Deren Höhe fiel je nach Veranstaltung unterschiedlich aus. Bei Läufen zur Deutschen Meisterschaft war eine Goldmedaille mit 150 DM, eine Silbermedaille mit 100 DM und eine Bronzemedaille mit 50 DM Prämie dotiert. Bei den Six-Days lagen die Siegprämien höher.

Schweden. Zum Ende der Saison 1966 zog sich BMW mit dem Werksteam vom Geländesport zurück. 1967 und 1968 kam kein BMW-Werksteam mehr zum Einsatz. Herbert Schek fuhr die Wettbewerbe wieder mit Maico und holte 1967 die deutsche Meisterschaft.

Im Jahr 1968 wechselte er zu Neckermann und fuhr die Geländesport-Wettbewerbe auf einer Jawa-Maschine mit 350 Kubikzentimetern. Neckermann bot damals diese Maschinen im Katalog an und suchte talentierte Fahrer, um den Verkauf anzukurbeln. Auch hier wurde Schek deutscher Meister in seiner Klasse. Seine Team-Kollegen mit 250 und 500 Kubikzentimetern waren ebenfalls erfolgreich. Das Jawa-Intermezzo dauerte allerdings nur ein Jahr. Bereits 1969 saß Schek wieder auf einer Maico und gewann die deutsche Meisterschaft in seiner Klasse. Allerdings fuhr er die Sechs-Tage-Fahrt in diesem Jahr für BMW. Zwar war Schek zu dieser Zeit als Maico-Werksfahrer gebunden, jedoch fand er mit Hans-Günther von der Marwitz eine Lücke im Vertrag: Die Sechs-Tage-Fahrt wurde im Vertrag nicht erwähnt und so saß Herbert Schek als Maico-Werksfahrer in Garmisch auf einer neuen BMW R75/5. Er gewann die Goldmedaille und errang den Gesamtsieg in der Klasse über 500 Kubikzentimeter.

Im Zuge dieses Einsatzes erhielt er gleich die Zusage, im Folgejahr 1970 wieder mit einer BMW fahren zu dürfen. Nach drei erfolgreichen Jahren auf BMW ging Herbert

Autogrammkarte von Herbert Schek

Schek Ende 1974 wieder zu Maico zurück. Die Zweitakter mit 501 Kubikzentimetern waren den BMW deutlich überlegen. Und so wurde er auch gleich im ersten Jahr mit Maico wieder deutscher Meister. 1975 gewann Schek auf der Isle of Man die Six-Days in der großen Klasse ab 500 ccm.

Nach diesem Erfolg kam Sachs auf Herbert Schek zu und bot ihm den Einsatz auf einer Wankel-Hercules an. Begeistert von der Leistungsentfaltung des Kreiskolben-Motors sagte Schek zu. Jedoch vereitelten zahlreiche technische Probleme den Gewinn der Meisterschaft. 1976 und 1977 wurde Schek einmal Vizemeister und einmal Dritter. 1978 fuhr Schek in der neu gegründeten Klasse über 750 Kubikzentimeter wieder auf BMW. Diese Fahrzeuge wurden von Schek in Wangen im Auftrag von BMW gebaut. Jedoch entwickelte BMW parallel eigene Fahrzeuge. Daher wurden die Schek-BMW an Privatleute verkauft, um das Projekt zu refinanzieren. Herbert Schek besitzt heute noch die Fahrzeuge Nummer 7 und Nummer 11 von insgesamt 17.

1979 war er Fahrer im neu gegründeten BMW-Werksteam. Ein Jahr später wurden einige der Schek-BMW aufgebohrt und Schek gewann in der Klasse über 1000 Kubikzentimeter die Europameisterschaft. Im Jahr 1981 bestritt er seine letzte Sechs-Tage-Fahrt in Italien auf der Insel Elba.

Nachdem er für die erste Rallye Paris-Dakar im Auftrag von BMW France eine Wettbewerbs-GS gebaut hatte, stieg er 1981 als Teilnehmer erstmals selbst bei der Wüstenrallye ein. Der Sportpräsident vom DMV (Deutscher Motorsport Verband) Karl Friedrich Capito kam auf Schek zu und bat um den Bau eines Motorrades, da er die Rallye fahren wollte.

Da er der französischen Sprache nicht mächtig war und nicht verstand, was Thierry Sabine (Organisator der Rallye Paris-Dakar) dem Fahrerfeld beim täglichen Fahrer-Briefing an wichtigen Informationen zur Streckenführung mitteilte, schloss er sich seinem Freund Hubert Auriol auf einer HPN-BMW an. Im Staub von Auriol übersah Schek, auf einem sieben Meter hohen Straßendamm fahrend, dass ein Teil der Piste unterbrochen war und der Weg vom Damm herunterführte. Er realisierte die Situation zu spät und flog mit 160 km/h durch die Luft. Er schlug hart in die gegenüberliegende Wand des Damms ein und war sofort bewusstlos. Auriol bemerkte es nicht. Schek wurde von Jacky Ickx gefunden, der die Rennleitung alarmierte. Schek fiel ins Koma und kam erst am 19. März in Deutsch-

Herbert Schek

Rallye Paris-Dakar '84 Sieger der Marathonwertung!

Deutscher Geländemeister: 1962, 64, 65, 67, 68, 69, 70, 71, 72, 74, 75.
Gelände - Europameister: 1967 und 1980
25 Six days: 12× Gold-, 6× Silber-, 1× Bronzemedaille
Teilnehmer an der Rallye Paris - Dakar: 1981, 1983, 1984.

Schek trotz Gipskorsett Klassensieger

Zweiter Lauf zur Geländemeisterschaft ohne Ueberraschungen

Mit zwei Ausnahmen konnten sich beim zweiten Lauf um die Deutsche Motorrad-Geländemeisterschaft, die am Sonntag mit Start und Ziel in Neunkirchen bei Siegen entschieden wurde, die Favoriten des ersten Meisterschaftslaufes wiederum durchsetzen. 170 Fahrer gingen am Sonntagmorgen bei kühlem, aber trockenem Wetter auf den 70 km langen Rundkurs, der dreimal zu durchfahren war. Die Strecke war allerdings außerordentlich schwierig und durch die starken Regenfälle vom Samstag tief aufgeweicht, so daß die Fahrtleitung die beiden ersten Runden nach Schlechtwetterzeiten fahren ließ. Etwa 40 Fahrer fielen aus. Von den 130 ans Ziel gekommenen blieben 60 Strafpunktfrei.

Der Wangener Herbert Schek, der als Spitzenfahrer von BMW trotz eines Gipskorsetts startete, holte sich souverän den Klassensieg. In der 100-ccm-Klasse fuhr Siegfried Gienger (Schützingen) auf Zündapp, der Vorjahresmei-

ster dieser Klasse, absolute Tagesbestzeit und schob sich auf den zweiten Platz vor.

Die Siegerliste: Solomaschinen bis 50 ccm: Volker Kramer (Marbach a. Neckar) auf Zündapp, Zeit aus beiden Sonderprüfungen 12:10 Min. Klasse bis 75 ccm: Kämper (Bürscheid) auf Zündapp 11:58 Min., Solomaschinen bis 100 ccm: Gienger (Schützingen) auf Zündapp 10:55 Min., Solomaschinen bis 125 ccm: Trinkner (Löchgau) auf Herkules-Sachs 11:09 Min., Solomaschinen bis 175 ccm: Müller (Sonthofen) auf Herkules-Sachs 11:54 Min., Solomaschinen bis 250 ccm: Behrens (Elvershausen) auf Hasquarna 11:29 Min., Solomaschinen bis 350 ccm: Schmider (Wolfach) auf NSU 11:17 Min., Solomaschinen bis 500 ccm: Nödinger (Esslingen) auf Maico 11:56 Min., Solomaschinen über 500 ccm: Schek (Wangen) auf BMW 12:26 Min. Seitenwagenmaschinen bis 350 ccm: Schilling (Weinsberg) auf NSU 17:12 Min., Seitenwagenmaschinen über 350 ccm: 13:51 Min. Beste Fabrikmannschaft Mannschaft III der Zündapp-Werke München.

---

land im Krankenhaus wieder zu Bewusstsein. Jacky Ickx sprach später von einem Trümmerfeld, das sich ihm bot. Die Verletzungen waren erheblich. Unter anderem war das Becken dreifach gebrochen. Es lag ein schweres Schädel-Hirn-Trauma vor und vier Lendenwirbel waren in Mitleidenschaft gezogen worden. Das verschobene Becken wurde damals nicht operiert, sondern mit Gewichten wieder in die richtige Lage im Körper gezogen.

Nun sollte man eigentlich meinen, dass Schek nach dieser schmerzhaften Erfahrung sein Engagement bei der Rallye Paris-Dakar beendet hätte. Doch ließ er sich schon 1982 von Hubert Auriol erneut dazu überreden, für BMW France vier Rallye-Motorräder zu bauen, die 1983 erstmals zum Einsatz kamen. Er selbst pilotierte eines davon, fiel jedoch schon wieder durch einen Sturz aus. Aber Hubert Auriol belohnte seine Arbeit mit dem Sieg der Rallye am 20. Januar 1983.

Noch in Dakar wurde Schek gefragt, ob er auch für die Paris-Dakar 1984 wieder bereit wäre, die Motorräder zu bauen. Herbert Schek war begeistert von so viel Vertrauen in seine Fähigkeiten, dass er einer erneuten Zusammenarbeit spontan zusagte. Da BMW München in diesem Jahr als Sponsor einstieg, war Schek allerdings gezwungen, als Privatmann an der Veranstaltung teilzunehmen. Am 10.12.1983 wurden die Fahrzeuge im sogenannten Vierzylinder (BMW Stammhaus in München) präsentiert. Mit

zwei Stunden Vorsprung gewann Schek mit 52 Jahren die Amateurklasse in diesem Jahr. Alle weiteren BMW-Fahrer erreichten 1984 ebenfalls sehr erfolgreich das Ziel: Gaston Rahier Platz 1, Hubert Auriol Platz 2 und Raymond Loizeaux landete auf Platz 5.

Autogrammstunde mit Hubert Auriol (links) bei BMW in Sindelfingen am 5. März 1983

BMW-Fahrerlehrgang 1985 auf dem Nürburgring: Herbert Schek (links) und Gaston Rahier beim Sprung über eine Kuppe. Im Hintergrund ist die berühmte Nürburg zu sehen.

1985 wandte sich Schek der Marke KTM zu und baute fünf Einsatzmotorräder für die Paris-Dakar. Die 560-Kubikzentimeter-Rotax-Motoren der KTM hielten dem Vollgas des Spitzenfahrers Schalber aber nicht lange stand und gingen in der Wüste kaputt. Schek fuhr eine 500-Kubikzentimeter-Maschine, um in der kleineren Rennklasse starten zu können und wurde Zweiter.

In den Jahren 1986 und 1987 fuhr Schek wieder auf seiner eigenen Rallye-BMW die Dakar. Im Folgejahr 1988 kämpfte sich der Wüstenfuchs mit seiner Tochter Patricia auf einer Schek-BMW in Begleitung von Jutta Kleinschmidt mit einer HPN BMW durch die Rallye. Eine Marathonetappe mit einer unglaublichen 1000-km-Distanz ließ sie jedoch völlig entkräftet von der Rallye zurücktreten.

1989 setzte Schek eine Maico erfolglos bei der Dakar ein. In Lybien gab der Zweitakter seinen Geist auf. Im Folgejahr 1990 brannte seine BMW nach einem Elektrikproblem in der Wüste am vorletzten Tag der Rallye ab und ein Mitsubishi-LKW sammelte den gestrandeten Schek auf. Dennoch wurde er auf Platz 45 von 46 gewertet. 1991 ge-

lang Schek dann auch ein Klassensieg bis 500 Kubikzentimeter mit einer Suzuki DR 350 und seine Tochter Patricia gewann die Damen-Wertung in dieser Klasse. Auch 1992 setzte Herbert Schek mit seiner Tochter die bewährten Suzuki ein. Allerdings ging die Rallye in diesem Jahr von Paris nach Kapstadt in Südafrika und war somit unglaublich lang. In diesem Jahr gewann Jutta Kleinschmidt die Damenwertung auf ihrer BMW. Das Rallyekonzept der Paris-Kapstadt bewährte sich aber nicht, da sich der Streckenverlauf ab Namibia nicht mehr wirklich spannend veränderte. Besonders mangelnde Überholmöglichkeiten aufgrund der immensen Staubentwicklung wurden bei dieser Längsdurch-Afrika-Rallye heftig kritisiert.

1993 stieg Herbert Schek wieder auf BMW um. Im Folgejahr 1994 versuchte er auf einer Honda das Ziel der Rallye Paris-Dakar-Paris zu erreichen. Trotz technischer Schwierigkeiten beendete Schek die Rallye innerhalb der Top Ten. 1995 fuhr Schek wieder eine BMW. Nachdem er 1996 und 1997 aussetzte, griff er 1998 ein letztes Mal auf einer KTM in das Rallye-Geschehen ein. Er nutzte den KTM Service mit LKW-Versorgung für Privatfahrer und sah dies als eine große Erleichterung.

Herbert Schek nahm von 1981 bis zum Jahr 1998 insgesamt 15 Mal an der Rallye Paris-Dakar teil. Nur drei Jahre (1982, 1996 und 1997) setzte er aus. Sein größter Erfolg war hierbei der Sieg in der Marathon-Klasse im Jahr 1984.

Alles eine Frage des Blickwinkels …

„200 Kilogramm im Gelände sind kein Problem. Sie werden es erst, wenn die Konkurrenz ein um 40 Kilogramm leichteres Motorrad zur Verfügung hat." Herbert Schek

Heribert Schek 2010 auf einer seiner legendären Schek-BMW GS 800 mit der Produktions-Nr. 7 (s. kleines Foto unten links)

Er darf getrost als lebende Rallye-Legende gelten und hat viel für BMW geleistet. Am 6. Januar 1951 bestritt Herbert Schek sein erstes Rennen und kann auf 60 Jahre Rennsport-Karriere zurückblicken. Noch immer nimmt er an Klassik-Rennveranstaltungen teil. Viele Zeitzeugen sagen heute, dass es eine Serien-GS ohne das Engagement von Herbert Schek wahrscheinlich nicht gegeben hätte. Seine Fahrzeuge stellten unumstritten einen wichtigen Baustein in der Gesamtentwicklung der späteren Reiseenduro dar.

1969: Schek (am Straßenrand sitzend) mit Geländesport-R 75/5 auf der Sechs-Tage-Fahrt in Garmisch

Schek-BMW-Motorräder im Geländesport

Die Anfänge der BMW GS-Baureihe liegen in den Geländesport-Aktivitäten der 60er- und 70er-Jahre. Herbert Scheks persönliche Anfänge lagen zwar nicht bei BMW, sondern bei Puch und später Maico, aber er war dennoch einer der Hauptakteure, wenn es darum ging, eine BMW durch umfangreiche Modifikationen geländetauglich zu machen. Die Gewichtsreduzierung war hierbei immer sein Schlüssel zum Erfolg, da schwere Straßenmaschinen umgebaut werden mussten, um bei Veranstaltungen wie den Sechs-Tage-Fahrten wettbewerbsfähig zu sein.

Nachdem Schek seit 1951 sehr erfolgreich (mit Maico und Puch) Geländesporterfahrungen gesammelt hatte, wechselte er 1966 auf die von BMW eingesetzten Werksmaschinen bei diesen Mannschaftsveranstaltungen. Schek fuhr auf einer BMW R 69 S. Hier war die Telegabel aus der US-Version montiert. Auf dem damaligen deutschen Markt wurde vorne die Langschwinge verkauft. Im Geländesport besaß die Telegabel jedoch unbestreitbar große Vorteile.

Die Sechs-Tage-Fahrt in Schweden markierte das vorläufige Ende, da BMW sein sportliches Engagement in diesem Jahr beendete. Der Sportetat wurde von der Geschäftsleitung für die Jahre 1967 und 1968 nicht genehmigt, die Produktion ruhte. Erst Ende 1969 stieg BMW wieder in den Geländesport ein und war sogleich bei der Sechs-Tage-Fahrt in Garmisch-Partenkirchen erfolgreich. In diesem Jahr verlagerte BMW die Produktion nach Berlin und präsentierte mit den Modellen R 50/5, R 60/5 und R 75/5 eine komplett neue Baureihe. Die Geländesport-Prototypen basierten auf der neuen R 75/5. Schek war als Werksfahrer mit Kurt Distler im Team.

1969 testete BMW die neuen Werksmaschinen auf der Bergrennstrecke im Schauinsland im Schwarzwald. Auf dem Rückweg nach München stattete Hans-Günther von der Marwitz Herbert Schek im Allgäu einen Besuch ab und stellte ihm das neue Motorrad vor. Er begeisterte ihn für die Sechs-Tage-Fahrt als Einsatzpremiere.

Ein Jahr später, im Herbst 1970, unterlag das deutsche Werksteam mit Sebastian Nachtmann, Kurt Tweesmann und Herbert Schek auf der Six-Days-Veranstaltung in Spanien der englischen Mannschaft. Da an den eingesetzten BMW-Werksmotorrädern von den Fahrern selbst nichts modifiziert werden durfte, nutzte Schek die Niederlage als Gelegenheit, um von der Marwitz gewichtsreduzierende Maßnahmen an den Wettbewerbsfahrzeugen vorzuschlagen. Mit den schweren BMW war man nach seiner Meinung bei Rennen chancenlos, da die eingesetzten Geländesportmaschinen ursprünglich als Straßenmaschinen entwickelt worden waren.

Ende des Jahres 1970 erhielt er dann ein Wettbewerbsfahrzeug von BMW, an dem er selbst für die Saison 1971 Gewichtsreduktionen vornehmen konnte. Als Ergebnis seiner Arbeit wog das Fahrzeug ohne Benzin rund 125 kg.

Im Rahmen einer Besprechung mit dem damaligen Vertriebsdirektor aus dem BMW-Vorstand Paul G. Hahnemann und Hans-Günther von der Marwitz erhielt Schek den Auftrag, auf Basis der vorhandenen Werksmaschine leistungsfähigere Wettbewerbsfahrzeuge zu bauen.

Zwar konnte auch Herbert Schek die konstruktionsbedingten Nachteile, wie beispielsweise den Kardanantrieb mit seinem Aufstellmoment im Gelände, nicht eliminieren, aber er unterzog jedes Bauteil einer eingehenden Prüfung und ließ beinahe nichts am Fahrzeug unmodifiziert. Diese optimierten R75/5-Fahrzeuge kamen bis 1973 in Wettbewerben zum Einsatz. Schek wurde damit in den Jahren 1970, 1971 und 1972 deutscher Meister. 1973 holte er den Vizetitel und die Meisterschaft in der Mannschaftswertung.

1973 erhielt er von BMW schließlich den Auftrag, Werksmaschinen für die Six-Days in den USA zu bauen. Der Boxer-Motor wurde hierfür stark modifiziert. Es wurden leichtere Kolben verbaut und die Baubreite reduzierte sich, um auch im dichten Unterholz mit dem Boxer gut durchzukommen. Insgesamt entstanden vier Motorräder. Eines pilotierte Herbert Schek selbst. Die anderen Maschinen erhielten die übrigen Werksfahrer. Der Erfolg mit einer Goldmedaille und dem 2. Platz in der Klasse über 500 Kubikzentimeter konnte sich sehen lassen.

Dennoch waren in den Folgejahren die optimal vorbereiteten BMW gegen die neuen Maico 501 Zweitakter-Enduros im Wettbewerb chancenlos. Die kreischenden Zweitakter waren den BMW deutlich überlegen und dominierten die Klasse über 500 Kubikzentimeter. Erst als 1978 die Oberste Motorradsport Kommission die neue Hubraumklasse über 750 Kubikzentimeter einführte, machte der Wettbewerbseinsatz einer BMW wieder Sinn und die Rennen gewannen an Attraktivität.

Im Zuge dieser neuen Ausrichtung der Wettbewerbe erhielt Schek von BMW den Auftrag, zehn Gelände-BMW zu bauen, um die Wettbewerbe wieder breiter anzu-

legen. Wichtige Teile, wie Motor, Getriebe, Kardan und Räder wurden von BMW kostenlos beigesteuert. Extrateile nach Wunsch konnte Schek frei kaufen, musste sie aber auch selbst bezahlen. Dafür blieben die Fahrzeuge im Besitz von Schek und er durfte sie später verkaufen. Dies gelang auch ohne Probleme.

Die Fahrzeuge wogen noch 130 Kilogramm und wurden vom TÜV als Typ GS 800 (Hersteller: Schek, Wangen) abgenommen. Da die Nachfrage nach den Maschinen groß war, baute Schek letztendlich 17 Stück. Dann hat BMW die Kleinserie beendet, weil dem Unternehmen die Zulieferung der Teile zu kostspielig wurde.

1978 wurden von Herbert Schek und Kurt Tweesmann (Deutscher Meister von 1966 und BMW-Werksfahrer) je ein Team mit drei Motorrädern für die Geländesport-

Herbert Schek in Holland bei der Zwei-Tage-Fahrt 1966

Meisterschaft eingesetzt. Das Team Schek bestand aus Herbert Schek, Richard Schalber (Motocross-Fahrer) und Kurt Fischer (damaliger Mitarbeiter von Schek). Das Team von Kurt Tweesmann trat mit den Fahrern Rolf Witthöft und Fritz Witzel an. Hinzu kamen noch Laszlo Peres (Mitarbeiter der BMW-Versuchsabteilung) und Alex Mayer, zuständig für den Service. Peres ging mit einem 800 Kubikzentimeter-Eigenbau an den Start, der gerade mal 124 Kilogramm wog.

Vom Erfolg der neuen Geländesport-Klasse über 750 Kubikzentimeter beflügelt, wurde 1979 wieder ein richtiges BMW-Werksteam eingesetzt und die Entwicklung der GS 800 zur GS 80 vorangetrieben. Richard Schalber wurde damit deutscher Meister.

Im Jahr 1980, dem Präsentationsjahr der Serien-BMW R 80 G/S, wurden sechs Schek-BMW in der Klasse über 1000 ccm in der Europameisterschaft eingesetzt. Herbert Schek wurde Europameister (2. Platz Fischer, 3. Platz Matheis). Im Herbst 1981 fuhr Schek auf Elba seine 25. und letzte internationale Sechs-Tage-Fahrt. Als Maico mit einer 750er-Zweitakter schließlich in die großvolumige Klasse einbrach und die Japaner mit starken und leichten Einzylindern auf der Bühne auftraten, verlor BMW das Interesse am Geländesport.

Vom Geländesport zur Rallyeszene

Das sportliche Engagement von BMW verlagerte sich vom Geländesport in Richtung der Rallye-Szene. Das Publikumsinteresse in diesem Segment war zur damaligen Zeit stark steigend und man wollte diesen Umstand auch im Marketing für die Serien-Motorräder sinnvoll einsetzen. Auch Herbert Schek orientierte sich zur Rallye Paris-Dakar. Mit BMW France (Arcueil Motor) baute er für den französischen Journalisten Jean-Claude Morellet, besser bekannt unter seinem Pseudonym Fenouil, eine Rallye-GS.

Die erste Rallye Paris-Dakar startete am 24. Dezember 1978 in Paris mit dem Prolog. Bis zum 12. Januar 1979, dem zweitletzten Tag der Rallye, lag Fenouil im Auftrag von BMW Frankreich mit der roten, von Schek gebauten BMW auf Platz 2 in der Gesamtwertung. Dann „schmiss" der Franzose das Motorrad ausgerechnet auf einem asphaltierten Verbindungsstück weg. Da gegen den Rat von Schek kein Zylinderschutzbügel montiert worden war, riss der Sturz ein Loch in den Zylinderdeckel. So lief nicht nur Öl aus dem Motor aus, es drang auch Sand ein. Ein kapitaler Motorschaden war die Folge.

Die zweite Dakar (1980) wurde am 31.12.1979 gestartet und Fenouil war erneut für BMW France am Start.

Eine zweite Maschine wurde von Hubert Auriol pilotiert. Dieses Mal wurden die „Les Concessionnaires BMW" federführend durch Dietmar Beinhauer (Motorsportleiter BMW) in Kooperation mit der Firma Sagner (München) für die Rallye gebaut. Hubert Auriol fiel am 16. Januar 1980 mit Getriebeproblemen aus.

Herbert Schek wurde 1980 von Karl Friedrich Capito zu einem Dakar-Team motiviert, für das er nicht nur die Fahrzeuge bauen, sondern an dem er auch als Fahrer teilnehmen sollte. Bei der 1981 ausgetragenen Rallye fuhr der 49-jährige Schek im Capito-Team, verunglückte jedoch auf Platz 4 liegend schwer.

1982 hatte Herbert Schek mit dem Thema Wüstenrallye eigentlich abgeschlossen, als Hubert Auriol für BMW France im Frühsommer 1982 um den Bau von Maschinen für die Dakar-Ausgabe 1983 bat. Bei der 1982er-Rallye hatte der damalige BMW-Teamchef Dietmar Beinhauer aufgrund von Getriebeproblemen das gesamte Team von der Veranstaltung zurückgezogen. Schek einigte sich mit BMW France über die Rahmenbedingungen und seinen Status als vollwertiges Team-Mitglied und Fahrer.

Am 31.12.1983 starteten vier Schek-BMW bei der Rallye in Paris. Startnummer 99: Herbert Schek, Startnummer 100: Hubert Auriol, Startnummer 101: Fenouil, und mit der Startnummer 102: der Polizist Raymond Loizeaux. Parallel dazu startete Gaston Rahier mit der Startnummer 98 für das Capito-Team. Hubert Auriol gewann die Rallye zum zweiten Mal in seiner Motorradsportkarriere. Fenouil lief auf dem 9. Platz ein und Loizeaux belegt Platz 14. An den Fahrzeugen traten während der gesamten Rallye keinerlei Probleme auf. Rahier ließ das Rennen im Motocross-Stil angehen und setzte nach anfänglichen Etappenerfolgen die BMW nach einer Sprungpassage hart auf einen Felsen auf, wobei er den Motor aus dem Rahmen riss. Die Folge war ein Ausfall.

Für die Paris-Dakar 1984 baute Schek für das Team wieder vier Rallye-BMW auf. Allerdings stieg in diesem Jahr, forciert durch BMW France die Finanzierungsprobleme hatten, BMW München wieder als Partner ein. Diese Situation führte dazu, dass sich das offizielle Werksteam aus drei Motorrädern mit den Piloten Auriol, Gaston Rahier (als Ersatz für Fernouil) und Loizeaux zusammensetzte. Die vierte Maschine wurde von Schek privat eingesetzt. Schek ging als Sieger der Amateur-Wertung (Gesamtplatz 21) hervor. Rahier gewann vor Auriol und Loizeaux wur-

de Fünfter. Der Sieg von Gaston Rahier war denkbar glücklich, da der ehemalige Motocross-Fahrer keinerlei Wüstenerfahrung besaß. Zwar war er vom reinen Speed her höher angesiedelt als Hubert Auriol, doch der „Afrikaner" Auriol war in der Navigation und beim Roadbook-Lesen klar überlegen. Und so wartete Rahier häufig auf Auriol, um sich nicht zu verfahren und verlor unnötig viel Zeit. Auriol, selbst natürlich Sieg-Aspirant, versuchte die Situation auszunutzen, fuhr rücksichtslos vor Rahier her und ließ den Franzosen so viel Staub wie möglich schlucken. In der Folge musste Gaston Rahier häufig zu Boden, da er Hindernisse zu spät oder gar nicht bemerkte. Als Gaston gegen Ende der Rallye merkte, dass er das Rennen so nicht gewinnen konnte, folgte er dem Rat von Herbert Schek und fuhr fortan Vollgas voraus. Sein Mut wurde mit einem überlegenen Sieg belohnt.

Herbert Schek setzte seine Dakar-Einsätze noch bis 1998 auf privater Basis fort und bestritt die Rallye mit unterschiedlichen Fabrikaten. Nach dem Einsatz einer Suzuki fuhr er letztmalig KTM.

Schek wendet sich der Rallye-Szene zu – hier 1987 bei der Paris-Dakar.

Die Laszlo Peres-GS 800 von 1977/78

Die Entwicklung der BMW-Werksmaschine für die Geländesporteinsätze stand in keinem direkten Zusammenhang zu der späteren Serien-G/S. Bei der Entwicklung dieser Wettbewerbsmotorräder dachte man noch nicht an einen späteren Bau einer Reiseenduro für jedermann. Die Annahme, dass sich aus diesen Geländesport-Motorrädern Ende der 70er-Jahre in direkter Fortsetzung die R 80 G/S entwickelt hätte, ist nicht korrekt. Vielmehr wurde dies später vom BMW-Marketing teilweise so dargestellt, da es sich schlicht gut beim Kunden verkaufte. Wie heutzutage kaum ein normaler Kunde die Weltreisetauglichkeit einer R 1200 GS Adventure im echten Einsatz testet, so geschah dies Anfang der 80er-Jahre auch mit der Geländesportlichkeit nicht. Die Teilnahme an einer solchen Geländesport-Veranstaltung stand nicht im Vordergrund dieser neuen G/S-Käuferschicht.

BMW-Mitarbeiter wie Laszlo Peres, die zu dieser Zeit intensiv Geländesport betrieben, waren Techniker und Rennfahrer. Seitens der Versuchsabteilung wurden keine kaufmännischen Ziele innerhalb des Unternehmens verfolgt. Die wirtschaftliche Lage der Sparte BMW Motorrad und das Ändern dieser Situation standen zu diesem Zeitpunkt noch nicht im Vordergrund der Entwicklungen.

Das Geländesport-Wettbewerbsfahrzeug wog ohne Lackierung 124 Kilogramm. Als Laszlo Peres den ersten Prototyp wog, damals noch aufgehängt an einem Kranseil einer Tierwaage, und das sensationelle Gewicht verkündete, zeigte sich die Führungsebene so begeistert, dass man gleich 100 Maschinen für den Verkauf bauen lassen wollte. Peres versuchte die Anfangseuphorie jedoch zu bremsen, da es sich um einen Extremleichtbau handelte, der nur für Wettbewerbszwecke entwickelt und gebaut worden war. Von einem Serien-Fahrzeug war die Maschine weit entfernt und wie lange die verwendeten Bauteile in einem normalen Straßeneinsatz halten würden, konnte auch keiner sagen. Letztendlich hat sich aber von diesen Vorschlägen und Äußerungen ausgehend, im Laufe der Jahre das Missverständnis gefestigt, dass es sich bei diesen Maschinen um sogenannte Vorserien-Prototypen gehandelt hat. Richtig ist, dass wichtige Erkenntnisse aus dem Bau und den Wettbewerbseinsätzen dieser Maschinen in die spätere Entwicklung der R 80 G/S eingeflossen sind. Allerdings kann man durchaus sagen, dass die Idee einer Serien-

Geländemaschine zu diesem Zeitpunkt erstmals laut ausgesprochen wurde und er somit dennoch als Geburtsstunde der BMW R 80 G/S genannt werden darf. Am Anfang steht oft nur eine einfache Idee. Was sich daraus entwickeln kann, das haben die folgenden Jahre gezeigt.

Doch wie kam es überhaupt zur Entwicklung der GS 800? Als die Oberste Motorradsport Kommission (OMK) für den deutschen Geländesport 1978 die neue Hubraumklasse über 750 ccm für die deutsche Geländesportmeisterschaft einführte, ergab die Teilnahme an den Rennveranstaltungen mit BMW-Motorrädern und deren großen Boxer-Motoren wieder Sinn. Zuvor waren sie gegen die leichten und sehr leistungsstarken Zweitakter von Maico chancenlos. Auch Laszlo Peres fuhr als BMW-Mitarbeiter bei den Geländesporteinsätzen mit einer Maico.

Um auf diese neue Situation zu reagieren und sich Gedanken über ein neues Werksteam zu machen, berief der damalige Chef der Entwicklungsabteilung Motorrad Hans-Günther von der Marwitz im Vorfeld 1977 eine Besprechung mit Ekkehard Rapelius, dem Leiter der Versuchsabteilung und seinem Mitarbeiter Laszlo Peres ein. Das Gespräch dauerte etwas mehr als eine halbe Stunde und hatte zum Ergebnis, dass Laszlo Peres den Auftrag erhielt, ein konkurrenzfähiges Geländesport-Motorrad zu bauen. Man kam überein, ihn als Mitarbeiter der Versuchsabteilung für drei Monate von seiner normalen Arbeit zu entbinden und stellte ihm einen Rahmenbauer und einen Motorentechniker zur Seite.

Nach dieser Grundsteinlegung schritt das neue Entwicklungsprojekt zügig voran und wurde am 9. Dezember 1977 in Form eines Projektordners mit allen Spezifikationen, technischen Daten und reichlich Bildmaterial schriftlich dokumentiert (s. Abbildungen ab Seite 58).

Hieraus geht hervor, dass das erste Einsatz- und Entwicklungsjahr 1978 intern als Lehr- und Erfahrungsjahr angesehen wurde und man darauf hoffte, dass es unter Verwendung von weiter perfektionierten Fahrzeugen spätestens 1979 mit einem Titel in dieser Fahrzeugklasse klappen würde, die bis dahin auch internationale Anerkennung finden würde.

Zusammen mit einem Rahmenbauer verwirklichte Laszlo Peres seine eigenen Vorstellungen. Für den 800-ccm-Motor verwendete er Titan-Pleuel, um das Gewicht nach unten zu drücken. Das Getriebe wurde von den Spezialisten ebenfalls mit zahlreichen Bohrungen in den Getriberädern optimiert. Laszlo Peres selbst nahm sich als Fahrwerksspezialist der Gabel und des Fahrwerks an.

Peres schaffte es, den Zeitplan einzuhalten und präsentierte nach drei Monaten am 12. Dezember 1977 ein fahrfertiges Wettbewerbsmotorrad. Dieses war ausgestattet mit einer Scheibenbremse vorn, einer Cantilever-Federung hinten und einem abnehmbaren Heckteil. Nach der offiziellen (internen) Präsentation und dem Erreichen des sensationell geringen Gesamtgewichts machte Peres Fahrversuche, um auch die Haltbarkeit im Gelände zu testen und zu gewähren. Gemäß der Vereinbarung aus der Besprechung mit von der Marwitz war Laszlo Peres der einzige, der die Maschine fahren durfte. Er lehnte jede Verantwortung bezüglich einer Fremdhaftung aus nachvollziehbaren Gründen ab. Selbstverständlich wollte er nicht, dass einem anderen Fahrer auf seinem Motorrad etwas passierte, weil ein Leichtbauteil eventuell brach. Bei den Tests traten nur Kleinigkeiten zutage, die für den Wettbewerbseinsatz modifiziert werden mussten. Die Fußrastenanbindung erwies sich z. B. in erster Instanz als unterdimensioniert und wurde kurzerhand mit einem Verstärkungsrohr versehen.

Laszlo Peres standen die Teile und die betrieblichen Ressourcen zur Verfügung. Eine Extraentlohnung für die Arbeit oder die Renneinsätze (bis auf die Kosten für das Benzin) wurden nicht bezahlt. Die GS 800 funktionierte nach geringfügigen Fahrwerksanpassungen und Feinabstimmungen so gut, dass Peres 1978 auf Anhieb hinter Rolf Witthöft (Kawasaki) Vizemeister wurde und so sein Können im Fahrzeugbau eindrucksvoll unter Beweis gestellt hatte.

Das Bemerkenswerte daran war, dass Peres im Vorfeld keinerlei Skizzen oder Pläne von dem Motorrad erstellt hatte. Als ausgesprochener Pragmatiker hatte er einfach losgelegt und entwickelte das Fahrzeug quasi in der Bauphase immer weiter. Großen Wert legte er auf eine ausgesprochen schmale Bauweise.

Die Scheibenbremse musste allerdings wieder ausgebaut werden, da man Laszlo Peres selbst aus dem Automobilbereich keine geländetauglichen Bremsbeläge liefern konnte. Die damals üblichen organischen Beläge waren zu weich und harte Sinterbeläge gab es für Motorräder noch nicht. Die verlängerte 36-mm-Telegabel von BMW wurde gegen ein Exemplar von Maico ausgetauscht. Hier wurde die Dämpfung noch etwas modifiziert, sodass sie Peres' Vorstellungen entsprach.

Mit der sehr zuverlässigen Boxer-GS 800 fiel Peres nicht einmal aus. Er fuhr die komplette Deutsche Meisterschaft, zuzüglich vier Läufe der Europameisterschaft. Die Teilnahme an der Sechs-Tage-Fahrt in Schweden verhinderte von der Marwitz aufgrund der hohen Logistik- und Ersatzteilkosten. Und so fuhr Peres wieder auf eigene Rechnung mit einer Maico in Schweden.

Aufgrund der sehr guten Ergebnisse stieg BMW Motorrad 1979 wieder mit einem Werksteam in die Deutsche Geländesportmeisterschaft ein. Laszlo Peres erhielt den Auftrag für dieses Team, die Maschinen auf Basis der 1978er GS 800 mit aufzubauen. Es wurden einige Modifikationen vorgenommen und BMW verpflichtete den Vorjahresmeister Rolf Witthöft und Fritz Witzel als Fahrer. Da Laszlo Peres aber zu diesem Zeitpunkt wieder seiner normalen Arbeit als Mitarbeiter im Versuch nachgehen musste, wurde vereinbart, dass er sich (gegen eine entsprechen-

Laszlo Peres bei Versuchsfahrten mit dem Prototypen der GS 80 1978

Laszlo Peres, 2007 im Enduro-park Hechlingen

de Vergütung) nach Feierabend ab 16 Uhr im Zuge von Überstunden mit um die Maschinen kümmern sollte.

Dazu erhielt er einen Vertrag und den Status eines Werksfahrers in dem neu gegründeten Team.

Ein Mechanikerteam wurde zusammengestellt, um die Werksfahrzeuge für die kommenden Einsätze zu optimieren und betreuen. Leider lief es aber nicht so gut. Die ersten drei Rennen kämpfte Peres mit technischen Problemen. Hier führten unter anderem Schweißfehler (das Material war nach dem Schweißvorgang offenbar falsch abgekühlt worden) und ein Bruch am Schalthebel sowie eine fehlerhaft ausdistanzierte Kurbelwelle mit Achsialspiel zu den Rennausfällen. Peres kochte vor Wut und hatte keine Lust mehr, sich auf Veranstaltungen vor Publikum lächerlich zu machen. Für ihn war jeder technisch bedingte Ausfall mit der GS eine persönliche Niederlage, auch wenn er dafür im Detail nicht verantwortlich zeichnete. Er bestand nach den Ausfällen darauf, ausschließlich alleine für sein Fahrzeug zuständig zu sein. Obwohl er so die Zuverlässigkeit wieder herstellen konnte, war die Meisterschaft für den BMW-Werksfahrer Peres für dieses Jahr gelaufen. Zum Jahresende 1979 traf es ihn noch härter und er brach sich ein Bein. Diese Sprunggelenkverletzung verhinderte eine Vertragsverlängerung für 1980 im Werksteam.

Da Laszlo Peres aber weiterhin Geländesport betreiben wollte, setzte er privat eine selbst entwickelte Maico mit 760-ccm-Zweitakter ein. Dies führte hausintern zu Unstimmigkeiten, da das Verhalten von Peres fehlinterpretiert wurde. Er wollte einfach nur fahren. Eine BMW komplett neu und vor allem konkurrenzfähig aufzubauen, wäre für ihn zu teuer gewesen. So hatte er sich für das Fremdfabrikat entschieden, zumal er immer noch sehr gute Kontakte zu Maico pflegte. Nach einem ziemlichen Hin und Her, welches für Peres fast zum Ausscheiden aus der Firma geführt hätte, begrub man die Zwietracht wieder. Zur Halbzeit der Saison erhielt Peres sogar erneut die Chance, eine

BMW auf der Sechs-Tage-Fahrt einzusetzen. Da das Maico-Engagement privat gewesen war, konnte Peres unkompliziert wieder in das BMW-Team zurückwechseln.

Ende 1980 entschied BMW dann, dass es kein Werksteam mehr geben würde, und so erhielt Laszlo Peres die Möglichkeit, auf Basis des vorhandenen Materials eigene Weiterentwicklungen zu betreiben (zwar von offizieller Unternehmensseite genehmigt, aber wieder auf „Feierabendbasis") und an der Geländesportmeisterschaft beziehungsweise an der Sechs-Tage-Fahrt teilnehmen. Seinen letzten BMW-Einsatz bestritt er zusammen mit Herbert Schek 1981 auf der italienischen Insel Elba, wo Schek ebenfalls seinen letzten Six-Days-Einsatz hatte.

Parallel zu diesen ganzen Geschehnissen zwischen 1978 und 1980 wurde als Nischenprojekt, an das nicht viele BMW-Mitarbeiter glaubten, die Entwicklung eines neuen Modells vorangetrieben, das später als BMW R 80 G/S präsentiert werden würde. Auch in diesem Fall gab es zuerst keinen offiziellen Entwicklungsauftrag. Das Projekt basierte auf dem Engagement einzelner Mitarbeiter, die hier eine Chance sahen, BMW Motorrad vor dem wirtschaftlichen Aus zu bewahren.

Im Zuge dieser Entwicklungen kam auch wieder der Gedanke auf, diese Wettbewerbsmotorräder in einer größeren Stückzahl (von 100 bis 500 war hier die Rede) zu bauen, um sie anschließend zu verkaufen. Da BMW dies aber nicht leisten konnte, reiste Laszlo Peres mit Rüdiger Gutsche zu der italienischen Firma Laverda, um die Möglichkeiten diesbezüglich zu erörtern und besprechen.

Laverda baute daraufhin zwei Prototypen für BMW Motorrad. Diese sollten als Musterstücke für eine spätere, größere Produktion dienen. Um die Fahrzeuge zu testen, wurden sie ab Ende 1978, Anfang 1979 parallel zu den eigenen BMW-Maschinen im Geländesport eingesetzt. Obwohl die Fahrzeuge, die auf eigenen Laverda-Rahmen basierten, sich im Einsatz als gut erwiesen, kam der Auftrag letztendlich nicht zustande.

Am 20. Februar 1978 wurde schließlich ein Versuchsbericht über den Status des Projektes verfasst. Als einer der Hauptschwerpunkte wurde die richtige Mischung aus der Verwendung von robusten Serienteilen und einer sinnvollen Gewichtsreduzierung dieser Teile, ohne eine Gefährdung der Zuverlässigkeit herbeizuführen, gesehen. Die Details zu den einzelnen Bauteilen waren wie folgt aufgeführt:

Beim **Tank** kamen Außenschalen von der Maico GS zum Einsatz, da diese eine geringe Breite aufwiesen und kurzfristig von der Firma Roth lieferbar waren. Darüber hinaus wurde er individuell angepasst. Der Alutank fasste 10 Liter, was eine Distanz von 100 Kilometer ermöglichte und für den Geländesport ausreichend war.

Der **Auspuff** war eine Spezialanfertigung. Die beiden Krümmer wurden hochgelegt und zwischen Motor und Tank zusammengeführt. Als Schalldämpfer wurde ein 2-in-1-Topf vom Typ 248 angepasst.

Die **Getriebe**-Innereien wurden stark überarbeitet. Die Zahnräder erhielten 1,5 Millimeter Bohrungen und das Gehäuse wurde aus Elektronguss gefertigt, mit dem Ziel Gewicht zu sparen.

Als **Kardanwelle** wurde eine vom Modell 247 ohne Torsionsdämpfer (hohl gebohrt) verwendet.

Die **Telegabel** wurde aus Versuchsteilen zusammengestellt. Als obere Gabelbrücke wurde eine abgeänderte untere verbaut, um die Standrohre für eine optimale Fahrwerksabstimmung durchschieben zu können. Das Dämpfersystem wurde überarbeitet und weitgehend dem der K1-Gabel angepasst. Der Federweg betrug 220 Millimeter, die Tragfeder stammte von einer Marzocchi-Gabel aus dem Typ 248 (R 65). Das rechte Gleitrohr wurde für die Aufnahme eines Brembo-Bremssattels mit 32 Millimetern Kolbendurchmesser umgebaut.

Als **Lenker** wurde ein Produkt der Firma Magura verwendet; ebenso für die Brems-, Kupplungs und Gasgriffarmaturen.

Für die **Hinterachse** wurde eine „Pseudo-Einarmschwinge" mit links angeschweißtem Steckachsträger verwendet. Der untere Anlenkpunkt des Federbeins wurde mit einem Dreiecksverband nur auf der rechten Schwingenseite abgestützt (ähnlich Cantilever).

Das **Federbein** läuft schräg vom Dreiecksstützpunkt auf dem rechten Schwingenarm zum Ende des Rückgratrohres oberhalb des Luftfilterkastens. Der Federweg an der Steckachse beträgt 200 Millimeter. Die Schwinge wurde so breit gehalten, dass wahlweise ein Reifen von der Dimension 4.50 – 18, beziehungsweise ein 5.00 – 17 Platz hat.

Als **Bremse** wurde vorne rechts eine Einscheibenbremsanlage mit 32 Millimetern Durchmesser von der Firma Brembo eingebaut. Der Geberzylinder (Kolbendurchmesser 13 Millimeter) der Firma Magura saß mittig vor der oberen Gabelbrücke und wurde mit einem fast gerade ver-

laufenden Bowdenzug betätigt. Die ungelochte Edelstahlbremsscheibe hatte einen Durchmesser von 240 Millimetern. Hinten wurde eine Serien-(Trommel)-Bremsanlage (Typ 247 R80, Typ 248 R65) mit leichter Überarbeitung des Bremsschlüssels verwendet. So konnte der Bremshebel nach oben verlegt werden. Das Bremsgestänge wurde durch ein offen liegendes Seil ersetzt und der Fußbremshebel aus leichtem Fliegwerkstoff gefertigt, um dann am Rahmen angepasst zu werden.

Als **Räder** wurden vorne gehärtete Felgen (1.60 – 21) der Firma Akront verwendet. Die Aufnahme der Radlager wurde um zirka 50 Millimeter verbreitert und beidseitig mit abgedichteten Kugellagern versehen. Der Steckachsdurchmesser wurde auf 20 Millimeter erhöht. Hinten wurde eine Magnesiumnabe 247 verbaut und mit einer gehärteten Alu-Felge (2.15 – 18) verspeicht. Die Reifengröße war vorn 3.00 – 21 oder 3.25 – 21 und hinten 4.50 – 18.

Der **Rahmen** wurde aus Fliegwerkstoff gefertigt. Im Bereich des Steuerkopfes entsprach er der Serie 247. Die Schwingenpartie war so geändert, dass die beiden Stützrohre vom Schwingenlager gerade zum Ende des Zentralrohres führten. Da die Federbeinabstützung am Rahmen war, konnte der geschraubte Ausleger sehr leicht gehalten werden. Ferner wurden Klapp-Fußrasten angebracht. Die Motorbefestigungen waren im Kastenprofil ausgeführt. Das Rahmengewicht betrug 7 Kilogramm.

Der **Kippständer** (Hauptständer) war ebenfalls aus Fliegwerkstoff. Die Lagerung bildeten die Distanzhülsen zwischen Motor und Rahmen. Im aufgebockten Zustand stützt sich der Ständer an der Ölwanne ab.

Auf einen **Sturzbügel** wurde wegen der geringen Motorbreite verzichtet.

Die **Sitzbank** war 600 Millimeter lang. Die Grundform war mit leichten Änderungen von einer Maico übernommen. Als Polsterung wurde ein Spezialschaumstoff der Firma Metzeler verwendet.

Als **Geschwindigkeitsanzeige** wurde ein Kleinkraftradtachometer direkt an den Getriebeausgang adaptiert.

Die **Schutzbleche** waren Zukaufteile von der Firma Falk.

Weitere **Optimierungsmöglichkeiten** wurden auch nach der ersten Fahrzeugpräsentation im Bereich des **Motors** und des **Fahrwerks zum Beispiel durch die Verwendung einer Titanfeder für das hintere Monofederbein** angestrebt.

Insgesamt fiel das Resümee sehr positiv aus.

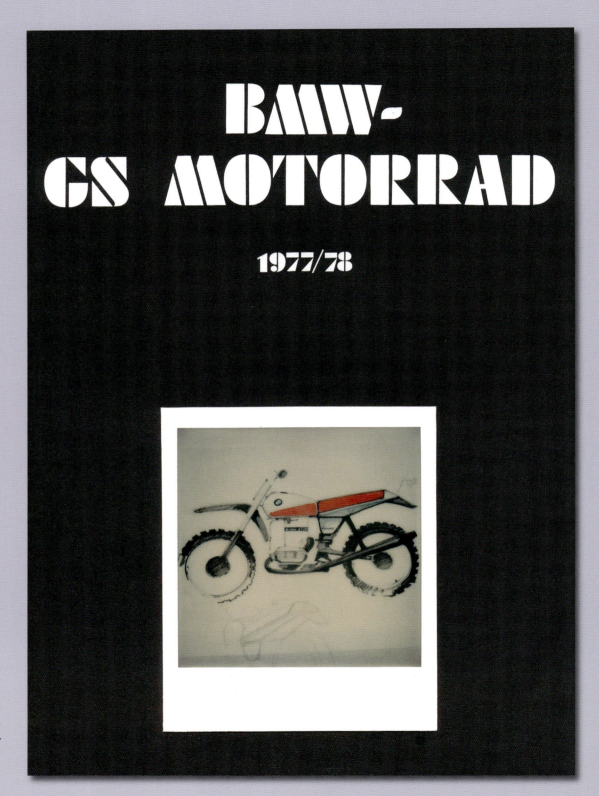

BMW-GS MOTORRAD

1977/78

Original-Projektordner für
den Bau eines konkurrenz-
fähigen Geländesport-Motor-
rads vom Dezember 1977
(Abb. S. 58–71)

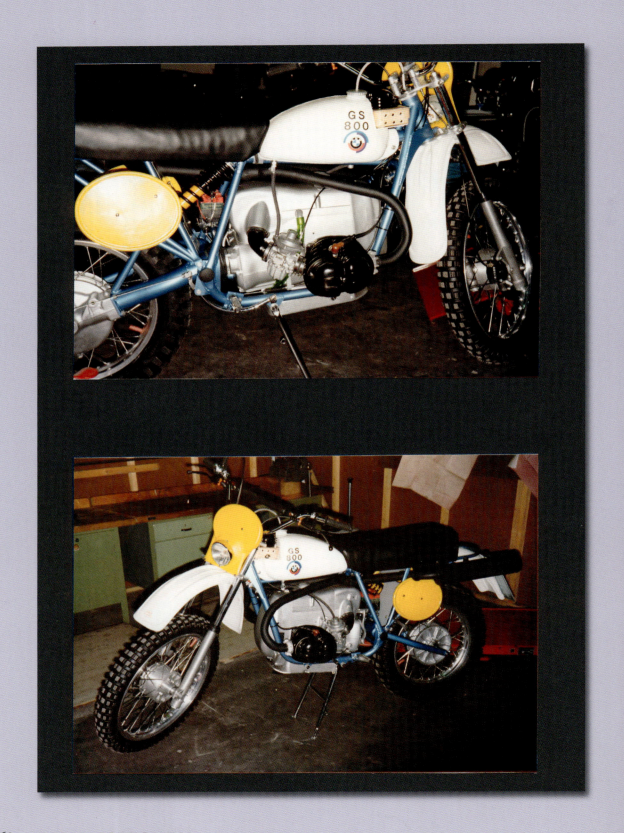

Fahrzeugaufbau 247 GS

Für das BMW-Geländemotorrad wurden zusammengefaßt folgende Anforderungen gestellt:

1. Fahrzeugaufbau mit möglichst vielen Serienteilen

2. Geringes Gewicht mit dem Ziel, damit wettbewerbsfähig zu sein

3. Typprüffähige Ausführung zu erlangen

4. Nicht enorme Leistungsfähigkeit, sondern in erster Linie Zuverlässigkeit in den Vordergrund zu stellen

Fahrgestell

1. Rahmen

Beim Rahmenvorderteil sind die Abmaße - Steuerkopf und Schwingendrehpunkt - seriengleich.
Das Rahmenmaterial ist Fliegwerkstoff. Motoraufhängung, Anschraublaschen, Fußrastenbefestigung, Auspuffaufhängung und Bremshebelbefestigung wurden entsprechend geändert. Konstruktive Änderungen, wie Federbeinbefestigung und Veränderung der Rahmenhinterzüge sind aus beiliegenden Fotos ersichtlich.

2. Rahmenhinterbau

Der Rahmenhinterbau wurde neu gestaltet. Er ist leicht gehalten, nicht mehr als Federbeinstütze vorgesehen, sondern trägt das Sitzkissen und das hintere Schutzblech mit Rückleuchte und Nummernschild.

-2-

3. Hinterradschwinge

Die Hinterradschwinge ist eine Pseudoeinarmschwinge.
Über eine auf ihr angeschweißte Rohrkonstruktion wird
das eine hintere Federbein angelenkt.
Die Schwinge nimmt durch eine geringfügige Änderung
(Delle) den Geländereifen 5.00 x 17 " auf.

4. Hinterrad

Es sind grundsätzlich zwei Rad-Größen und damit Reifen-
größen fahrbar:

a) Rad 18 " Reifen 4.50 x 18 "
b) Rad 17 " Reifen 5.00 x 17 "

Felgen aus Aluminium
das Nabenmaterial ist Elektronguß

5. Vorderrad

Als Vorderrad wurde ein 21 " Rad verwendet mit wahl-
weiser Bereifung 3.00 x 21 " oder 3.25 x 21 ".
Die Radnabe ist aus einer Seriennabe entstanden. Zur
besseren Radführung ist   ein Lagerkörper mit ver-
breitertem Lagerabstand eingesetzt. Verwendung finden
für das Vorderrad als auch für das Hinterrad Kugel-
lager statt Kegelrollenlager. Es genügen daher Lager-
distanzbuchsen ohne Paßringe. Aus Gewichtsgründen und
wegen leichterer Reinigung der Nabe wurden die Naben-
rippen abgedreht. Der Steckachsendurchmesser wurde auf
20 mm erweitert, um eine höhere Stabilität des Rades
zu erreichen.

6. Lenker und Armaturen

Verwendet wurde ein Seriengeländelenker der Fa. Magura,
ebenso die Brems- und Kupplungsarmatur. Als Bremshaupt-
zylinder wurde eine Hydraulik aus dem 248 Programm
installiert mit neugestaltetem Hebelmechanismus. Der
Hauptzylinder mit Flüssigkeitsbehälter ist an die obere
Gabelbrücke angeschaubt.

-3-

7. Vorderradbremse

Da Gabelgleitrohre für einen Festsattel noch nicht
zur Verfügung stehen, wurde eine Lösung improvisiert.
Die Scheibenbremse ist am rechten Gabelgleitrohr
(vorhandenes Teil) angebracht. Vorgesehen ist jedoch,
wie in der Serie, eine Anbringung am linken Gleitrohr.
Als Druckschlauch ist ein sog. Mini-Schlauch der Firma
Teves vorgesehen. Der Bremssattel ist im Typenprogramm
der Fa. Brembo.

8. Hinterradbremse

Sie ist seriengleich mit Ausnahme des Betätigungs-
mechanismus.
Der Fußhebel und dessen Lagerung wurden neu gestaltet.
Anstatt des Brems-Gestänges fungiert ein Seil. Der
Bremsschlüssel ist abgeändert. Der Anlenkhebel ist
nach oben gedreht.

9. Fußrasten, Kippständer

Die Fußrasten wurden funktionsbedingt neu angefertigt,
sind schwenkbar und extrem leicht aus Fliegwerkstoff
gefertigt. Der Kippständer und dessen Aufnahme am Rahmen
sind ebenfalls neu konstruiert.
Der Drehpunkt ist am hinteren Motorbefestigungsbolzen.

10. Schutzbleche

Schutzblech vorn und hinten sind Zubehörteile der Firma
Falk. Der Luftfilterkasten ist vom abfallenden Schmutz
des Hinterradreifens durch eine separate Kunststoffplatte
geschützt.

11. Tank mit Sitzbank

Der Tank ist ein aus Aluminium gefertigtes Zubehörteil,
das Tunnel ist jedoch geändert und dem Rahmen angepaßt.

Zwischen Steuerkopf und Tank findet eine Werkzeugbox
Platz.

Das Sitzkissen ist aus einer Kunststoffschale mit hoher
Polsterung gefertigt.

-4-

12. Auspuff

Die Auspuffrohre sind über dem Motor verlegt und in
ein Rohr zusammengeführt. Der Schalldämpfer findet
hochgezogen an der linken Motorradseite seinen Platz.

13. Getriebe

Das Getriebegehäuse ist wegen Gewichtsersparnis
Elektronguß. Schaltbetätigung, Wellen und Zahnräder
wurden nachgearbeitet und erleichtert.

14. H-Antrieb

Das Kardangehäuse ist ebenfalls Elektronguß. Kardanwelle, Ritzel und Tellerrad wurden nachgearbeitet
und erleichtert.
Für diesen Hinterradantrieb stehen verschiedene Über-
setzungen   aus der Serie 247 und 248 zur Verfügung.

16. Elektrische Ausrüstung

Sie ist sehr vereinfacht und erfüllt die Mindestan-
forderungen der Typprüfung.

Motor

Dem eingebauten Motor liegt ein 247 Typ zu Grunde. Er ist
mit Pleueln (125 mm lang) und entsprechenden Kolben bestückt.
Der Schwung und die Kupplung wurden entsprechend erleichtert.
Der Anlasser enfällt - gestartet wird mit Kickstarter.
Anstatt der Ölwanne wird ein Aluminiumleitblech montiert,
das die Motorunterseite gegen Steinschläge schützt.
Als Zündanlage ist die Serienausführung mit Generator vorge-
sehen.

Fotodokumentation

BMW 247 GS

Prototyp

obligatorisch für Geländemotorräder sind leichte Bauweise,
lange Federwege und große Bodenfreiheit.

Der Rahmenhinterbau ist vom Dämpfer- und Federelement
völlig entlastet.
Die Konstruktion am rechten Schwingenarm ermöglicht die
Anlenkung des einen Federbeines.

Diese Abänderung des Serienfahrgestelles soll in erster
Linie die Einarmschwinge zur Geltung bringen.

Ob dieses Federungssystem mit dem Mono-Schocker Vorteile
bringt, muß die Fahrerprobung zeigen.

21 " Vorderrad mit geänderter Nabe und Einfachscheiben-
bremse.

Lenker, Armaturen und Bremshydraulik sind ausschließlich
Zubehörteile der Firma Magura.

Eine ungelochte Bremsscheibe und Festsattel Ø 32 haben
sich im Gelände bewährt.

geschickt angebrachte Bremshydraulik;
vor Fremdeinflüssen geschützt und trotzdem leicht zugänglich.

Die obere Gabelbrücke ist aus einer erleichterten unteren
Gabelbrücke entstanden.
Die weitere Klemmung gibt der Telegabel mehr Stabilität,
da der Schutzblechbügel fehlt.

Die Hinterradbremsbetätigung ist sehr leicht und einfach
gehalten.

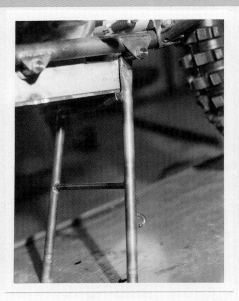

vereinfachte Ausführung des Kippständers,
Lagerung auf dem Motorbefestigungsbolzen.

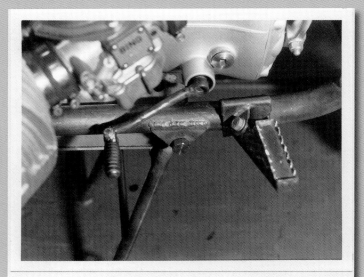

Schwenkfußrasten, die auch bei einem hohen Schmutzgrad
noch Halt versprechen (Gummirückstellung).
Das Vorderteil des Fußschalthebels ist aus Sicherheits-
gründen gelenkig. Die Arretierung erfolgt über eine Feder.

Der Kickstarter erlaubt diese kleinen Batterien -
2 x 6 V 2 A, Honda

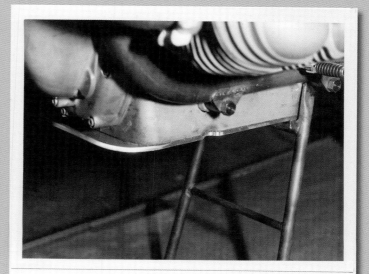

Das Aluminiumleitblech ersetzt die Ölwanne und schützt
vor Beschädigung des Motorgehäuses.

Durch die Wahl des 248 Motors sehr schmal geworden.

Lenkerbreite: 850 mm
Motorbreite: 680 mm

Die Anordnung der hochgelegten Auspuffrohre.

Optimierungsmöglichkeiten

Der Entscheidungsprototyp konnte aus Zeitgründen nicht in allen Details in der von der Vorentwicklung geplanten Ausführung verwirklicht werden.

Weitere Möglichkeiten der Gewichtserleichterung bestehen bei folgenden Baugruppen:

1. M o t o r

    Nikasilzylinder, Titanpleuel, Kolben- u. Kurbelwellen-abmagerung,
    Ventiltrieberleichterung, Steuerkette, Erleichterungs-bohrungen, Schwungraderleichterung, Magnetzündung, Gehäuseteile aus Elektron, Titanschrauben, Kühlrippen-reduzierung.

2. F a h r w e r k

    Alubremsscheibe, Titanschrauben, Titanhinterachsfeder, Erleichterungsbohrungen, evtl. Alurahmen.

    Mit den beschriebenen Maßnahmen könnte eine weitere Gewichtsreduzierung von ca. 15 kg erreicht werden.

TECHNISCHE DATEN 247 GS

Maße und Gewichte

Bodenfreiheit	250 mm (165 mm Serie)
Sitzhöhe	900 mm
Lenkerbreite	850 mm
Leergewicht	138 kg
Fahrfertig getankt	150 kg
Tankinhalt	10 l
Radstand	1460 mm
Nachlauf	96 mm
Federweg vorn	220 mm
Federweg hinten	200 mm

Motor   (Istzustand)

Hubraum 745 ccm, Hub 70,6 mm, Bohrung 82 mm
Pleuel   125 mm lang

Leistung	36,8 KW (50 PS)
Drehmoment	60 Nm (6 Kpm)
Verdichtung	9,0 : 1

Vergaser   Gleichdruck, Durchgang   32 mm

Drehstromlichtmaschine	12 V
Batterie	12 V 2 A

Mech. Zündunterbrecher

Motor(Optimierungszustand): Kurbelwelle v. 248, Hub 61,5;
                            Bohrung 91 mm;
                            Hubraum 800 ccm, Motorbreite 680 mm

Kraftübertragung

Einscheibentrockenkupplung
5-Gang-Getriebe mit Kickstarter
Hinterradantrieb über Gelenkwelle
Hinterachsübersetzung: 1:3,36 / 1 : 3,56

Der Weg zum Serienmotorrad

Der lange und verschlungene Pfad von den ersten Impulsen bis zur Markteinführung der R 80 G/S im Jahr 1980

Ekkehard Rapelius mit seiner Gelände-BMW auf einem Versuchsgelände in Garching

R 80 G/S – Die Idee einer „Über-XT"

1971 kam Ekkehard Rapelius zu BMW und hatte dort bis 1982 die Leitung der Versuchsabteilung Motorrad inne. Sein Team hatte den Auftrag, neue Teile zu bauen und zu testen. In seiner Abteilung wurden alle Teile außer den Motoren getestet. Im Test war dann natürlich jeweils der Motor dabei, nur gebaut wurde er in einer gesonderten Abteilung.

Zu dieser Zeit gab es eine Handvoll sogenannter Allzweckmotorräder (in Süddeutschland umgangssprachlich „Schwammerl-Racer" genannt), die von Privatleuten im Münchener Umland auf- und umgebaut wurden, um damit beispielsweise in die Dolomiten zu fahren. Die Dolomiten-Rallye bot den passenden Rahmen und diente als Prüfareal für neu entwickelte Teile. Die ersten Vorläufer der Serien-G/S kann man durchaus als Hobbyfahrzeuge von BMW-Mitarbeitern bezeichnen.

Ekkehard Rapelius wurde zu dieser Zeit in die „Schwammerl-Szene" hineingezogen, zumal er schon ein wenig Trialsport-Erfahrung besaß, sich jedoch jetzt mit 200-Kilogramm-Maschinen konfrontiert sah. So kam der Gedanke auf, ein „anständiges" BMW-Trialmotorrad zu bauen. In der Versuchswerkstatt wurde schließlich ein Motorrad auf Basis einer Straßen-R 80/7 mit hohem Lenker, 21-Zoll-Vorderrad und grober Geländebereifung gebaut und anschließend über Jahre technisch verfeinert. Als in der Entwicklung nach und nach immer mehr Probleme auftraten, erhielt es intern den Spitznamen „Roter Teufel".

Ekkehard Rapelius stieß aufgrund der Tatsache, dass sein Engagement anfangs rein persönlicher Natur war, er keinen offiziellen Entwicklungsauftrag, keine Auftragsnummer und kein genehmigtes Budget vorweisen konnte, intern auf erheblichen Widerstand bei der Weiterentwicklung dieses Fahrzeugs. Er selbst sah das Ganze als privates Hobby und argumentierte vor der Geschäftsleitung, dass die Schärfung der menschlichen Reflexe beim Geländesport auf der Straße nur hilfreich sein konnte. Eine Maschine, die sowohl im Gelände als auch auf der Straße gleich gut einsetzbar war, erfüllte alle Voraussetzungen, die ein gutes Motorrad haben musste. Wie sehr er damit noch recht haben sollte und wie wichtig seine Entwicklungsarbeit in diesem Bereich später noch werden sollte, ahnte er selbst zu diesem Zeitpunkt nicht. Später wurde die R 80 G/S einmal als „das beste Straßenmotorrad" bezeichnet, das BMW jemals gebaut hatte.

Grundsätzlich hielten sich die großen technischen Probleme doch doch im erträglichen Rahmen. Hier und da Kleinigkeiten, die stetig, den Anforderungen entsprechend, verbessert wurden. Wirklich große Probleme tauchten auf den ersten Versuchsfahrten nicht auf. Dies war auch auf die solide Basis der Entwicklung zurückzuführen. Ekkehard Rapelius nahm einen BMW-247-Standardrahmen, ein 21-Zoll-Vorderrad und diverse Magnesium-Teile, die „herumlagen". Die Tanks wurden mit größerem Fassungsvermögen speziell für das Fahrzeug gebaut. Da das Fahrzeug auch zügig auf der Straße bewegt werden sollte, forderte er vom Reifenhersteller Metzeler Trial-Reifen an, deren Profilblöcke auf die Hälfte ihrer Ursprungshöhe reduziert sein sollten, damit sich das Fahrverhalten auf Asphalt stabilisierte. Somit war der erste echte Enduro-Reifen, der auch für den Straßeneinsatz taugen sollte, geboren. Allerdings wurde die Hochgeschwindigkeitstauglichkeit des Enduro-1-Reifens für die Serienmaschine alsbald bemängelt. Die Pneus zeigten ab 150 km/h Auflösungserscheinungen. Ganze Profilblöcke wurden bei Topspeed herausgeschleudert. Bis hin zum späteren Enduro 2 gab es mehrere Entwicklungsstufen, bei denen immer mehr Profilblöcke miteinander verbunden wurden. BMW sah das mittlerweile ziemlich „geschlossene" Profil als tragfähigen Kompromiss an.

Oberstes Gebot war zu diesem Zeitpunkt, dass (bis auf wenige Ausnahmen) die Hauptkomponenten des Fahrzeugs nur aus Teilen bestanden, die bereits verfügbar waren und die sich nahtlos in die Serie einfügen ließen. Einerseits minimierte dies die laufenden Kosten, andererseits erleichterte dies intern die Argumentation für das Projekt, da es sich im Bedarfsfall relativ leicht in einen Serien-Produktionsprozess umsetzen lassen würde. So kamen erst einmal Stereo-Federbeine mit einer normalen Schwinge zum Einsatz. Die Verwendung teurer Spezialanfertigungen war anfangs nicht möglich. Der Boxer-Motor entsprach zu 100 Prozent der Serie und wurde nicht leistungsoptimiert, jedoch durch die neue Auspuffanlage deutlich im Drehmomentverlauf verbessert. In der Folge entstand ein Motorrad, das man nicht als Prototypen im eigentlichen Wortsinn bezeichnen kann, weil es einen Anteil von rund 90 Prozent an Serienbauteilen hatte und mit seiner Lichtanlage zusätzlich auch von Anfang an der Straßenverkehrsordnung entsprach. Das Motorrad wog mit vollem 19-Liter-GFK-Tank trotzdem nur erstaunliche 190 Kilogramm. Als dann Mitte bis Ende der 70er-Jahre die Absatzkrise bei den Motorrädern kam, entwickelte sich auch in der BMW-Marketingabteilung die Idee, eine Über-XT zu bauen.

Der Leiter Versuch wurde erst sehr spät von diesen Gedankenspielen (mehr war es zu diesem Zeitpunkt noch nicht) informiert. Ein sehr kleiner Kreis interner „Ver-

schwörer" tüftelte anfänglich im Halbdunkeln daran, wie so ein Motorrad wohl aussehen könnte.

Rüdiger Gutsche besaß zwar zu dieser Zeit ebenfalls so eine mäßig geländegängige Maschine, hielt sich aber bedeckt im Hintergrund und zeigte sich wenig begeistert von diesen Plänen, da er als Entwicklungsmitarbeiter treu zu seinem Chef der Entwicklung Motorrad Hans-Günther von der Marwitz stand, der ebenfalls gegen das Projekt war. Hinzu kam, dass die „Abteilung Entwicklung" Teile zeichnete, die die Abteilung „Versuch" dann bauen und testen

Initialzündung für die R 80 G/S:
die Yamaha XT 500

Yamaha XT 500

Begründete 1980 die BMW R 80 G/S das Segment der Reiseenduros, so war es vier Jahre zuvor die Yamaha XT 500, die die Klasse der Enduros etablierte. Mitte der Siebzigerjahre waren vorrangig große Vierzylinder-Maschinen, meist mit viel Leistung und wenig Fahrwerk ausgestattet, am Markt gefragt. Somit ging der japanische Hersteller ein Wagnis ein, indem er eine schlanke Einzylinder-Geländemaschine präsentierte. Erfolgreiche Teilnahmen an den Sechs-Tage-Fahrten und Siege bei der Rallye Paris-Dakar ließen die XT 500 aber rasch zu einem Motorradmythos reifen. Auch auf Fernreisen bewährte sich die Yamaha als zuverlässige und im Bedarfsfall einfach zu reparierende Gefährtin. Jedoch bevorzugt von Solofahrern, denn mit Sozius und Gepäck wurde es schnell eng auf der schlanken Enduro. Außerdem kam der Einzylinder mit seinen 32 PS Leistung schnell an seine Grenzen. So war der BMW-Gedanke, eine Über-XT mit mehr Motorleistung und ausreichend Platz für zwei Personen zu bauen nur konsequent. Die Yamaha XT 500 wurde nahezu unverändert bis 1990 gebaut und hat als Klassiker heute eine ähnlich große und treue Fangemeinde wie die BMW GS.

Dieser frühe R 80 G/S-Proto-
typ von Ekkehard Rapelius
wurde intern auch „Roter
Teufel" genannt.

sollte. Intern kam die teilweise sehr eigenmächtige Vorge-
hensweise von Ekkehard Rapelius und Laszlo Peres nicht
überall gut an.

Ekkehard Rapelius stand hundertprozentig hinter dem
GS-Projekt und fungierte auch als Puffer zwischen der Versuchsabteilung mit Laszlo Peres und der Geschäftsleitung.
Das Projekt war intern anfangs sehr umstritten und Rapelius musste dafür kämpfen, dass Zeit von anderen Produk-
tionsversuchen abgezogen werden konnte. Laszlo Peres
sagt in der Rückschau, dass Ekkehard Rapelius einer der
Hauptakteure, wenn nicht der Hauptverantwortliche für
den Bau der Serien-G/S gewesen sei: „Ohne Ekke hätte es
die G/S vermutlich nie gegeben", so Peres heute. Zusammen mit Rüdiger Gutsche aus der Entwicklung, der später
als Projektleiter für die Entwicklung der neuen Maschine
eingesetzt wurde, baute Rapelius Zwitter-Fahrzeuge, die
sich irgendwo zwischen Straße und Gelände* befanden.
Der Schwerpunkt der Geländesport-GS (hier war Laszlo
Peres sehr engagiert) und auch der späteren Serien-G/S (70
bis 80 Prozent) entstand in der Versuchsabteilung, 20 Prozent entfielen auf die Abteilung Konstruktion mit ihren
Plänen und Zeichnungen, so Rapelius heute. Vieles wurde

* Daher die Bezeichnung G/S (Gelände, sowie Straße)

eigenverantwortlich einfach ausprobiert, wenn es für richtig gehalten wurde; nicht immer im Sinne der Vorgesetz-
ten. „Konventionen sind nicht immer dazu da, eingehalten
zu werden," so Rapelius.

Rapelius und Peres schraubten mit unglaublichem
Herzblut und teilweise bis nachts um zwei Uhr an den
Wettbewerbs-Motorrädern, um dann anschließend im
Büro zu übernachten. Vieles von dem Projekt gründete
sich damals auf persönliches Engagement fähiger BMW-
Leute. Ein gutes Beispiel hierfür ist auch der Monolever.
Ein Mitarbeiter aus der Konstruktionsabteilung bat Ekkehard Rapelius eines Tages, sich ein neu gezeichnetes Bauteil
anzusehen, welches in aller Heimlichkeit von einem kleinen Personenkreis entwickelt worden war. Er zog vor Rapelius eine Schublade auf und darin lag eine Konstruk-
tionszeichnung für eine Motorrad-Einarmschwinge, den
Monolever.

Die Grundidee war im Groben von der Peres-GS 800
übernommen. So entwickelte sich aus dem Cantilever
(„Pseudo-Einarmschwinge", siehe Kapitel „Die Laszlo Peres-GS 800 von 1977/78", Seite 54) der spätere Monolever
in der Serien-G/S.

Keiner wusste, ob das Bauteil funktionieren würde,
denn die Möglichkeit es zu bauen, geschweige denn es zu

testen, war nicht vorhanden. Ekkehard Rapelius entschied, dass die Pläne umgesetzt werden sollten und das neue Bauteil bei der „Über-XT" von BMW Verwendung finden sollte. Als Federbein verwendete er ein Produkt von Bilstein. Das erste Exemplar wurde dann recht einfach direkt am Fahrzeug angepasst und geschweißt, um in Versuchen herauszufinden, ob es überhaupt funktionierte. Der Kardanflansch am Getriebeausgang war leicht zu bewerkstelligen, die Umsetzung des Vortriebes per Verschraubung der Hinterradnabe am Tellerrad erwies sich als deutlich schwieriger, wurde aber dennoch rasch gelöst. Viel problematischer war es, von Zulieferern die benötigten Teile zu erhalten, ohne intern Aufmerksamkeit zu erregen. Offiziell gab es dieses Bauteil noch nicht und es durfte auf keiner Rechnung auftauchen. So trickste man mit Nummern und Belegen, damit es geheim blieb.

Der kleine eingeschworene Personenkreis, der Kenntnis von den Vorgängen hatte, engagierte sich aber nicht eigennützig, denn allen Beteiligten war mittlerweile klar, dass BMW Motorrad das Wasser bis zum Hals stand und man wollte das sinkende Schiff nicht kampflos aufgeben. Diesem persönlichen Einsatz einiger weniger von damals ist es heute zu verdanken, dass es noch BMW-Motorräder gibt beziehungsweise, dass es sie von damals bis heute durchgehend gab.

Die Maschine stand meist verborgen im Keller der Versuchsabteilung. Als Hans-Günther von der Marwitz Kenntnis davon bekam, war er nicht erfreut darüber, dass er bis dato bei der Entwicklung neuer Komponenten außen vor geblieben war. Fortan mischte er sich (als Leiter der Entwicklung nachvollziehbar) in die weitere Verwendung von Bauteilen ein und entschied, dass vorne eine Trommelbremse verbaut werden müsste. Die Scheibenbremse würde im Gelände nicht funktionieren. Das gefährliche Nassbremsverhalten, die anfällige Hydraulik und die Staubempfindlichkeit solcher Systeme gehörten einfach nicht an ein Geländemotorrad. Er hatte das Fahrzeug in seiner Gänze und den Vieleinsatzzweck zu diesem Zeitpunkt offenbar nicht vollständig verinnerlicht. Rapelius reagierte auf diese Forderungen auf seine ganz persönliche Weise und stellte zum offiziellen (internen) Präsentationstermin einfach zwei Motorräder vor: eines mit Scheibenbremse, so wie er das wollte, und eines mit einer Trommelbremse, wie es den Vorstellungen von von der Marwitz entsprach.

Die Mitarbeiter des Vertriebs entschieden sich mit einem Blick in die Zukunft des Zweiradbaues einstimmig für die Scheibenbremse und so konnte Ekkehard Rapelius seinen Weg weiter verfolgen. Ihm war klar, dass die spätere Kundschaft das Motorrad zu über 90 Prozent im Straßeneinsatz bewegen würde und somit ein sicheres Fahrverhalten auf diesem Terrain gewährleistet sein musste. Spätestens mit zwei Personen und Gepäck auf einer Passstraße bergab, wäre eine Trommelbremse maßlos überfordert gewesen. Deswegen stellte das Überwinden von Kinderkrankheiten der noch neuen Scheibenbremsen bei Motorrädern für ihn eher eine Herausforderung als ein Hindernis dar.

Die R 80 G/S ist robust und wenn mal etwas kaputt geht, dann ist sie mit wenig Werkzeug einfach zu reparieren.

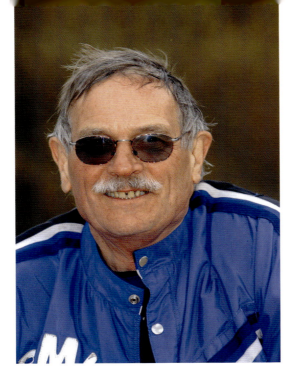

Ekkehard Rapelius 2007. Er ist einer der Väter der G/S.

Als „Strohhalm" zum Überleben der Firma wurden einige Exemplare der Enduro gebaut, um sie erst ausgiebigen Fahrversuchen zu unterziehen. Generell sah man zu dieser Zeit eher die K-Modellreihe als Heilbringer für das angeschlagene Unternehmen. Nachdem man das K1-Projekt* Anfang/Mitte der 70er-Jahre verworfen hatte, konzentrierte sich BMW zum Ende der 70er-Jahre auf die Entwicklung der K 100 Modelle. Diese sollten die 1.000 ccm-Boxer ablösen und leistungsmäßig mit den starken Maschinen von Honda, Kawasaki, Suzuki und Yamaha mithalten.

Die finalen Testfahrten fanden im italienischen Nardo auf einer alten Teststrecke für den ab 1977 gebauten Fiat Fiorino statt. Da Fiat das Gelände damals nicht mehr nutzte, mussten Rapelius und seine Mitarbeiter die Wege erst einmal wieder befahrbar machen. Die angelegte Teststrecke war zwei Kilometer lang und bestand, dem späteren Einsatzzweck der Kundschaft entsprechend, aus einem Schotteranteil und einem etwas größeren Straßenanteil. So praxisgerecht zeigten sich auch die Prüfkriterien, die Tests auf der Landstraße, der Autobahn (Hochgeschwindigkeit) und Fahrten im leichten Gelände vorsahen. Die Rückfahrt

* Das K1-Projekt hatte nichts mit der von 1988 bis 1993 gebauten BMW K1 zu tun, sondern war der erste Entwicklungsversuch eines 4-Ventil-Boxer-Motors. Schon damals hatte man erkannt, dass der 2-Ventiler-Motor aufgrund seiner konstruktiven Schwächen nicht ewig gebaut werden würde.

von Italien nach München nutzte Ekkehard Rapelius zusammen mit einem Freund auf zwei BMW ebenfalls zur Testfahrt. Sie bogen bei jeder sich bietenden Gelegenheit auf eine Motocross-Strecke ab und ließen mit den großen Boxern die Erde beben. Angst, mit den neuen Motorrädern entdeckt zu werden, hatten sie dabei nicht, da von dieser Aktion niemand Kenntnis hatte und die Wahrscheinlichkeit, dass zu jener Zeit ohne Mobilfunk und Internet zufällig ein Journalist irgendwo an der Strecke auf der Lauer lag, mehr als gering war.

Nach Abschluss der Nardo-Aktion hatte man drei Maschinen auf 100.000 Kilometern getestet. Hierbei wurde unter anderem festgestellt, dass es ein Problem mit der Radbefestigung hinten gab. Die Radschrauben lockerten sich immer wieder. Eine Erhöhung des Anzugdrehmoments half nicht. Es wurde festgestellt, dass das Fahrzeug so nicht verkauft werden konnte. Das Problem war, dass man aufgrund der Reibungsverhältnisse nicht ausreichend Vorspannung erhielt. Hier wurde aber recht zügig eine Lösung über die Verwendung von Stehbolzen und die losen Konusringe gefunden. Hinzu kam, dass die Fahrzeuge anfangs bei Geschwindigkeiten jenseits von 150 Stundenkilometern extrem zum Pendeln neigten. Daraufhin wurde die Gabel so modifiziert, dass das Fahrverhalten ruhiger wurde. Seitens der japanischen Hersteller gab es aus BMW-Sicht schon genügend Motorräder auf dem Markt, die sich, ausgestattet mit einem großen Motor und schwachem Fahrwerk, in kritische Fahrzustände begaben und man wollte sich hier als Motorradhersteller nicht unrühmlich einreihen. Auf die Option, eine Querstrebe zur Stabilisierung in den Rahmen zu schweißen, verzichtete man aber trotzdem.

Auf Basis der insgesamt sehr guten Testergebnisse entschied man sich zum Bau einer Vorserie. Allerdings vorerst sehr zögerlich und in sehr geringer Stückzahl, da man immer noch nicht hundertprozentig an einen wirtschaftlichen Erfolg glaubte und die Mittel knapp waren. Die Zulieferfirmen wunderten sich über die in so kleinen Chargen angeforderten Teile, da sie sonst deutlich größere Stückzahlen von BMW gewohnt waren. Immer noch mussten Leute wie Ekkehard Rapelius und Laszlo Peres für den Bau des Serienfahrzeuges in entsprechender Stückzahl kämpfen. Mehr mangels anderer Alternativen als aus Überzeugung nickte die Geschäftsleitung das Fahrzeug schließlich für den Serienbau ab. Niemand ahnte zu diesem Zeitpunkt, für welch eine jahrzehntelange Erfolgsstory man sich damit entschieden hatte.

Die Mitarbeiter der Designabteilung unter der Leitung von Klaus-Volker Gevert zogen begeistert mit und zeichneten aus einem für das Gelände umgebauten Straßenmotorrad die erste echte Reiseenduro. Die Tankfarbgebung in Kombination mit der roten Sitzbank stellte die hauseigenen Wettbewerbsfarben dar und unterstrich das bis heute typische und unverwechselbare GS-Design. Die legendäre BMW R 80 G/S war geboren!

Das Marketing nutzte die vorhandenen Geländesport-Erfolge der vorangegangenen Jahre und präsentierte die neue R 80 G/S bewusst im französischen Avignon, nicht weit von der 1980 in Frankreich stattfindenden Sechs-Tage-Fahrt in Brioude südlich von Clermont-Ferrand. Somit gab man dem Gerücht weitere Nahrung, dass das Serienfahrzeug als Entwicklung den Geländesport-Maschinen von BMW entsprang. Zwar gab es durchaus Parallelen, wie die linksseitig hochgezogene Auspuffführung, aber das Serienfahrzeug stellte eine ganz eigene Entwicklungsschiene dar, die mit den BMW-Werkseinsätzen nichts zu tun hatte. Aber so, wie sich heute eine viel beschriebene Weltreisetauglichkeit bei einer aktuellen BMW R 1200 GS Adventure (09/2010) gut verkaufen lässt, so war es eben damals der populäre Geländesport, der am Markt bei den Kunden absatztechnisch gut funktionierte. Später gesellten sich im Marketing noch die legendären BMW und HPN GS-Einsätze bei der Rallye Paris-Dakar hinzu.

2007 gab der damalige Leiter für Marketing und Vertrieb Karl H. Gerlinger auf einem Six-Days-Treffen der BMW-Haudegen im Enduropark Hechlingen auch gerne zu, dass zu jener Zeit niemand so recht an den Erfolg der G/S, später GS geglaubt hatte. Doch war es die letzte Hoffnung, weil die Motorradsparte sonst geschlossen oder verkauft worden wäre.

Keinesfalls zu unterschätzen ist ebenfalls, dass Herbert Quandt als Kapitalgeber für BMW absolut hinter der Sparte Motorrad stand und die Zweiräder als Imageträger des Konzerns erhalten wollte.

Auch Herbert Schek war als BMW-Veteran bei diesem Treffen anwesend. Warum die Zusammenarbeit mit BMW früher teilweise schwierig war, lässt sich heute ganz einfach nachvollziehen. Herbert Schek war nicht nur Rennfahrer, sondern auch Kaufmann mit einem Motorradgeschäft. Er hatte also ein Interesse daran, in erster Linie GS zu bauen, die aufgrund ihrer Leistung und des Gewichts bei Rennen wettbewerbsfähig waren. Diese verkaufte er seinen Kunden als Renn-Einsatzfahrzeuge. So nutzte er diese Motorräder auch gleichzeitig als Imageträger für sein Ladengeschäft.

Ekkehard Rapelius, respektive BMW selbst, hatten ab dem Projektstart „Über-XT" aber gänzlich andere Interessen: Es ging vorrangig nicht mehr um das Erreichen einer Zielflagge, sondern darum, dass das Motorrad beim Endkunden mindestens 100.000 Kilometer zuverlässig durchhielt. Die Grundlage der Entwicklung und die Ausgangsbasis für die Konstruktionen waren somit grundlegend verschieden. Die Motorräder von Schek, insbesondere die GS 800, dürfen durchaus – wie viele weitere mit viel Herzblut aufgebaute Privatmaschinen von BMW-Enthusiasten – als legitime Vorgänger der G/S gelten, aber sie konnten nie die 1:1-Vorlage für das spätere Serienfahrzeug sein. Dasselbe traf auf die Gelände-BMW GS 800 von Laszlo Peres zu.

Abschließend kann man wohl zusammenfassen, dass es nicht DEN Vater der BMW R 80 G/S und nicht DIE Geländesport-GS als Vorlage der neuen Reiseenduro gab. Vielmehr war es ein Zusammenspiel aus vielen Einflüssen, zeitspezifischen Strömungen, teilweise auch von handfesten Existenzsorgen und vor allem das Wirken von zahlreichen sehr fähigen Fachleuten, deren entschlossenes Handeln zur richtigen Zeit in das erfolgreichste Motorrad aller Zeiten, die BMW GS, mündete.

Heribert Schek und Ekkehard Rapelius im Gespräch beim Treffen in Hechlingen 2007

Entwürfe für das Tankdesign
der R 80 G/S

Klaus Volker Gevert: Design-
chef bei BMW Motorrad von
1979 bis 1993

Das Design der BMW GS

Das bis in die heutige Zeit typische Design der BMW GS-Motorräder ist maßgeblich für den Erfolg dieser Baureihe mit verantwortlich. Genauso wie die erste R 80 G/S in den 80er-Jahren, so ist auch heute die R 1200 GS unverwechselbar. Ob einem das Design nun gefällt oder nicht, spielt hierbei keine große Rolle. Begegnet man einer GS, so erkennt man sie sofort, unabhängig vom Baujahr. Dies ist unter anderem Klaus Volker Gevert und seinem Designteam zu verdanken. Gevert kam nach Beendigung seiner Lehre beim Quandt-Konzern in Lübeck und nach einem erfolgreichen Studium in Hamburg am 13. März 1967 in die Abteilung Karosseriekonstruktion zu BMW.

Zunächst war er mit der Erstellung der Außenhautpläne der Fahrzeuge betraut. Diese Fahrzeugaußenhautpläne entstanden in enger Zusammenarbeit mit der Designabteilung und deren Fahrzeugmodellen. Klaus Volker Gevert wurde rasch zum Gruppenleiter seiner Abteilung und trieb die Zusammenarbeit in der Modellvorentwicklung in Verbindung mit der Designabteilung weiter voran. Er erkannte schon früh, dass das Design der Fahrzeuge über die technische Konstruktion hinaus maßgeblich für den Erfolg oder Misserfolg künftiger Fahrzeugmodelle verantwortlich sein wird. Zu dieser Zeit kam auch Claus Luthe, der die Automobil-Designikone NSU RO 80 (ihrer Zeit weit voraus) erschaffen hatte, als Gesamt-Design-Chef zu BMW. Luthe und Gevert konnten ausgesprochen gut zusammenarbeiten, da beide ihre Wurzeln im Bereich Technik hatten.

Beide sprühten vor neuen Ideen, waren kreativ und besaßen eine große Begeisterung für das Design. Im Juni 1979 bot Claus Luthe daher Klaus Volker Gevert die freigewordene Stelle als Design-Chef BMW Motorrad an. Er beabsichtigte den Unternehmensbereich umzustrukturieren und neu auszurichten. Für den Motorradfahrer Klaus Volker Gevert war das die Chance, die er sich immer erhofft hatte. Endlich konnte er sich zu 100 Prozent auf seine Leidenschaft, das Design, konzentrieren. Und so kam es, dass Gevert als Diplom-Ingenieur für Maschinen- und Fahrzeugbau am 1. Juli 1979 BMW Motorrad Design-Chef wurde. Anfänglich musste er um seine Anerkennung seitens der etablierten Designer kämpfen und beweisen, dass er als Fahrzeugbauer auch etwas von Design verstand. Durch die Technik-Dominanz im Bereich Motorrad – im Gegensatz zur Automobilabteilung, wo man eine Außenhülle um die Technik legen konnte – fand er in der Folgezeit aber rasch den Zugang zur Abteilung und die Anerkennung seiner Kollegen.

Das, was Hans A. Muth seit 1971 bei BMW angefangen hatte, nämlich den Motorrädern ein Design zu verpassen und sie nicht technokratisch schwarz mit ein paar Zier-

linien zu belassen, führte Klaus Volker Gevert fort. Er war die perfekte Schnittstelle zwischen Technik, Versuchsabteilung, Produktion und Design, da er beide Seiten kannte und Aussagen unterschiedlicher Standpunkte sehr gut in ihrer Priorität einzuordnen wusste.

Er war clever genug, seinen sehr guten Designern in der Umsetzung freie Hand zu lassen und sah sich mehr als Designlenker. Er bestimmte, welches Design letztendlich für ein Fahrzeug verwendet wurde, die Entwürfe und Skizzen

Neben der G/S-Enduro wurde ein mehr straßenorientiertes Modell entworfen, die R 80 ST.

Designstudien zur R 80 G/S Paris-Dakar auf Basis der Rallye-Erfolge

81

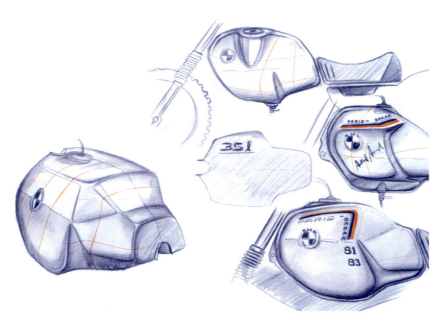

Für die Tankform und das R 80 G/S Paris-Dakar-Design wurden unzählige Entwürfe gezeichnet.

hierzu ließ er aber von den Profis erstellen. Bei den Entwürfen zur neuen G/S beteiligte sich Gevert allerdings nachhaltig, da die komplette Abteilung mit dem Design der K 100 (RS und RT) beschäftigt war und die G/S quasi nebenbei gezeichnet werden sollte. Dies macht aus heutiger Sicht deutlich, wie sehr man dieses Fahrzeug anfänglich in seiner Bedeutung für die Unternehmenssparte Motorrad unterschätzt hat.

Bedingt durch die konstruktiven Nachteile des Boxer-Prinzips und der nur noch begrenzt ausbaufähigen Technik, setzte die Geschäftsleitung zu jener Zeit voll und ganz auf die neue K-Modellbaureihe mit den liegenden Vier- und Dreizylindern (K 75). Diese Fahrzeuge sollten mittelfristig die antiquierten Boxer ablösen und die Zukunft des Unternehmensbereichs sichern. Grund hierfür waren die starken japanischen Vierzylinder-Modelle gegen die der Boxer chancenlos war. Diese besaßen jedoch meist ein – von der Motorleistung – völlig überfordertes Fahrwerk. BMW investierte viele Ressourcen in die Entwicklung, um dies bei den eigenen neuen Modellen zu vermeiden. Die

Keine One-Man-Show

Die G/S hat viele Väter! Es kann nicht einer den Finger heben und sagen: „Ich hab sie gemacht!"
Klaus-Volker Gevert

Boxer-Modelle und speziell die brandneue R 80 G/S sollten die Zeit bis zum Erscheinen der K-Baureihe (1983) überbrücken und dann langsam vom Markt genommen werden. Man erinnerte sich an die Mitarbeiter der Versuchsabteilung (Rapelius und Peres) und deren Konstruktionen einer straßentauglichen Enduro und so kam es, dass man diesen – verständlicherweise sehr technisch anmutenden Fahrzeugen – ein Design zeichnete, das sich für den Vertrieb über die Motorradhändler eignete und den Zeitgeschmack traf.

Als Ende 1979 der Startschuss für die Entwicklung und das Design für eine Serien-G/S fiel, stürzte sich Klaus Volker Gevert in das Projekt. Neben seinem weiten Tätigkeitsfeld als Designchef Motorrad investierte er damals auch einen erheblichen Anteil seiner Freizeit in Skizzen und Entwürfe, um seine Design-Mannschaft tatkräftig zu unterstützen und zu entlasten. Er vollendete auf Basis teilweise vorhandener Vorschläge das G/S-Design in seiner späteren, serienreifen Form.

Auf der Internationalen Fahrrad- und Motorrad-Ausstellung (IFMA) 1980 in Köln wurde die R 80 G/S spektakulär von der Decke hängend präsentiert. Besonders mit der Farbgebung hatte sich Klaus Volker Gevert auseinandergesetzt und präsentierte das Fahrzeug mit der roten Sitzbank und den Tankaufklebern sportlich in den BMW-Wettbewerbsfarben, um die Aufmerksamkeit der Messebesucher zu erlangen. Die im Jahr 2010 vorgestellten „30 Jahre GS"-Sondermodelle griffen genau dieses Farbdesign wieder auf und wurden als limitierte Auflage mit roten Sitzbänken ausgestattet. Da sich die rote Sitzbank im Alltag als recht schwierig zu pflegen und zu erhalten erwies, stellte man später auf ein schwarzes Exemplar um.

Um das neue Fahrzeug für Fahranfänger und Frauen attraktiver zu gestalten, wurde mit der R 80 ST eine zivile Version gezeichnet und dann auch gebaut. Hier achtete man besonders auf eine Sitzhöhe, mit der diese Käuferschicht zurechtkommen würde. Die Farbgebung wurde sehr seriös gehalten. Nachdem die ST fertig war, wurde überlegt, welche Nischen auf der vorhandenen Basis noch besetzt werden konnten. Man kam rasch auf die ersten Erfolge der Rallye Paris-Dakar. Es sollte jedoch kein Wettbewerbsmotorrad für jedermann werden, sondern eine Reise-GS mit großem Tank und der Möglichkeit, viel Gepäck zu transportieren. Da Klaus Volker Gevert durchaus nicht nur ein Motorradreise-Theoretiker war, sondern schon damals

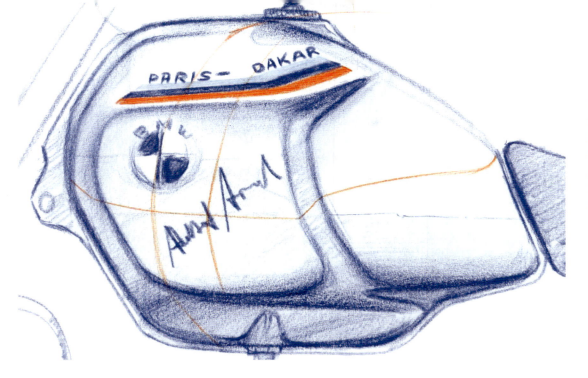

mit seiner Frau auf einer R 90 S weite Reisen durch Afrika unternommen hatte, war er auch für den Entwurf der R 80 G/S Paris-Dakar sehr qualifiziert. Er wusste, was solch ein

Motorrad für Eigenschaften mitbringen musste und welches Design den aufkommenden Mythos Paris-Dakar bei der GS-Fangemeinde weiter festigen würde.

Im Zuge der Entstehung dieses Modells probierte er viele Ideen aus und zeichnete unterschiedliche Tankformen mit verschiedenen Dekoren zum Thema. In Zusammenarbeit mit Rüdiger Gutsche modellierte er zahlreiche Tanks, bis die endgültige Form feststand. Die typischen BMW-Wettbewerbsfarben waren bei allen Entwürfen prä-

Endgültiges Design für den Paris-Dakar-Tank

sent. Die Motive reichten von einfachen Schriftzügen bis hin zur Darstellung der Rallye Dakar-Route oder der Kontinente Europa und Afrika mit dem Verlauf der Rallye-Route. Der einfache Schriftzug Paris-Dakar setzte sich schließlich in der Entscheidung durch. Ursprünglich als Paris-Dakar-Kit gedacht und vertrieben, entschloss man sich auf Basis der guten Resonanz rasch dazu, das Fahrzeug als eigenständiges Modell anzubieten.

Wenig später begann bereits die Entwicklung der neuen Paralever-Modelle R 80/100 GS und Klaus Volker Gevert erhielt den nicht einfachen Auftrag, das typische GS-Design weiterzuentwickeln, es neu und moderner zu zeichnen, ohne die typischen Merkmale zu verwässern. Sein Designer Wolfgang Seehaus zeichnete die sehr prägnante Cockpit-Verkleidung, die an der R 100 GS serienmäßig und an der R 80 GS optional erhältlich war. Als weiteres Designmerkmal der neuen Modelle wurde die Tank-Sitzbank-Kombination komplett überarbeitet. Das Tankvolumen stieg auf 24 Liter und die Sitzbank lief nun auf der Tankoberseite. Auch die neue Paralever-Schwinge wurde optisch verfeinert.

Auf Basis der neuen Modelle reifte rasch die Idee, von Anfang an ein Paris-Dakar-Modell zu entwerfen, das sich diesmal sehr deutlich von der zivilen Version unterscheiden sollte.

Um dieses Modell zu zeichnen, wurden damals auch externe Designbüros mit Entwürfen beauftragt. In ausführlichen Briefings wurden die BMW-Rahmenbedingungen festgelegt.

Neben dem großen 35-Liter-Tank, der in eine robuste, rahmenfeste Verkleidung inklusive neuer Cockpit-Einheit überging, bleibt interessanterweise festzuhalten, dass ein kleines Detail an der R 100 GS Paris-Dakar später das auffälligste GS-Merkmal werden sollte. Die dort erstmals von Gevert entworfene und verbaute Kotflügel-Verbreiterung war der Vorläufer des 1994 präsentierten „Schnabel"-Designs der R 1100 GS.

Zu diesem Zeitpunkt stand bereits fest, dass der Boxer weiter gebaut werden und man in neue Modell investieren würde. Obwohl sie 50 Prozent Gleichteile mit der normalen GS hatte, trat die Paris-Dakar als komplett eigenständiges Modell auf. Neben dem Tank mit Staufach, Verklei-

Links: früher Prototyp der Paralever-GS mit neuer Cockpit-Verkleidung im Versuchsstadium. Rechts: die 1987 präsentierte R 80 GS mit optional erhältlichem Windschild

dung, Sturzbügeln und Motorschutz (inklusive Spritzschutz für die Fahrerfüße) war das Farbdesign ein wichtiges Element beim Paris-Dakar-Modell. Hier wurde viel getüftelt und gezeichnet, um das Motorrad abenteuerlich und attraktiv wirken zu lassen und sich von der breiten Masse anderer Motorräder abzusetzen. 1990 kam die zweite, überarbeitete Paralever-Generation R 80/100 GS auf den Markt, die das Grunddesign des Paris-Dakar-Modells mit der Halbschalen-Verkleidung übernahm. Und dass sich das Motorraddesign im Wandel befand, deutete die erste Vergaser-F 650, gezeichnet 1991, mit ihrem Erscheinen auf dem Markt 1993 bereits mehr als deutlich an.

Das letzte Motorradprojekt bei dem Klaus Volker Gevert als Designchef federführend war, wurde dann die von Karl-Heinz Abe geradezu revolutionär gezeichnete BMW R 1100 GS. Wie nicht anders zu erwarten, stieß dieses anfänglich oft als „Playmobil" bezeichnete Design nicht nur auf positive Reaktionen. Besonders die Traditionalisten hatten ihre Probleme mit dem modernen Erscheinungsbild. Sie erhielten zum Trost 1996 mit der R 80 GS Basic noch einmal ein 2-Ventil-GS-Abschiedsmodell. Das neue Schnabel-Design schreibt bis heute seine Erfolgsgeschichte. Es wurde bzw. wird oft von anderen Herstellern kopiert.

Verfeinert in der 1999 erschienenen R 1150 GS ist es bis heute bei der R 1200 GS präsent. Mit dem Nachfolger der R 1100 GS hatte Klaus Volker Gevert allerdings nichts mehr zu tun.

Im April 1993 wechselte er von der Motorrad-Designabteilung (dies war eine eigenständige GmbH in einem se-

Behutsam in modernerem Design gezeichnete R 80/100 GS als Nachfolgerin der R 80 G/S

Die R 100 GS Paris-Dakar mit großem 35-Liter-Tank, Verkleidung und aufwendiger Farbgebung

Bild Mitte: Die 2. Generation der R 80/100 GS übernahm die Halbschalen-Verkleidung der Paris-Dakar.

Bild unten rechts: ein Erfolgsmodell – die „wüste" Serien-R 100 GS Paris-Dakar

Bild unten links: Deutlich zu erkennen, deutete Gevert bei der R 100 GS Paris-Dakar das Schnabeldesign mit der Kotflügel-Verbreiterung bereits an. Im Hintergrund die R 1200 GS mit charakteristischem Schnabel

paraten Gebäude) zurück zu Chris Bangle in die Automobilabteilung der BMW AG. Dort übernahm er, bis zu seinem Ausstieg am 30. September 2003, die Aufgaben in den Bereichen der Konzernergonomie und Designqualität. Bis 1994 stand er seinem Nachfolger Dave Robb noch als Berater zur Seite, dessen erstes eigenes Projekt übrigens die im Herbst 1997 erschienene R 1200 C war, der erste Cruiser bei BMW.

Das GS-Design war schon immer etwas anders und hat sich stets vom Mainstream anderer Motorräder abgesetzt.

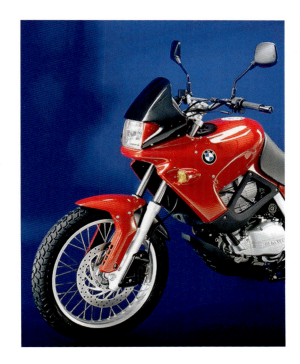

Nicht weit von der Skizze entfernt: die Serien-F 650

Auch eine R 1200 GS war im Jahr 2004 revolutionär und es bleibt mit Spannung abzuwarten, wie der Nachfolger auftreten wird.

Rechts: Letztes Projekt von Klaus Volker Gevert als Designchef bei BMW Motorrad war die R 1100 GS.

Ganz oben: Als revolutionärer Einzylinder nach der R 27 von 1960/66 kam 1993 die F 650.

Links: Die Zeichnung der R 1100 GS entsprach fast der Serie.

87

Ekkehard Rapelius und seine
„Fake"-GS für Südamerika
und den BMW-Marketingfilm

filmen. Die Fahrzeuge wurden von dem Journalisten Hans-Peter Leicht und dem Initiator und BMW-Pressesprecher Kalli Hufstadt pilotiert.

Ekkehard Rapelius erhielt den Auftrag, für diesen Zweck zwei „Fake"-G/S zu bauen. Es gab die Vorgabe, dass die – auch für schweres Gelände tauglichen – Maschinen in dynamischen Fahraufnahmen wie Serien-G/S aussehen sollten. Da eine BMW R 80 G/S für die Regenwaldpassagen und die groben Geländeeinlagen aber nicht geeignet war, beschloss Ekkehard Rapelius, aus der letzten Charge der Geländesportmotorräder des Teams 1979 zwei Wettbewerbsmaschinen „abzuzweigen" und diese für die Tour vorzubereiten. Er montierte eine Scheibenbremse und den Tank der G/S (Aluversion), um der Serienoptik nahezukommen. Eine erhielt einen roten und eine einen blauen Farbstreifen über den Tank. Die „Blaue" existiert heute, bis auf den Tank, nicht mehr. Dieser ist auf einem anderen Fahrzeug in Privatbesitz montiert. Die „Rote" ist heute im Privatbesitz von Ekkehard Rapelius. Nach dem Abschluss der Südamerika-Tour standen die beiden Fahrzeuge im Keller von BMW und sollten verschrottet werden. Rapelius wusste dies zu verhindern und kaufte BMW eine für 1.000 Deutsche Mark ab. Heute ein Fahrzeug mit unschätzbarem Wert, aber leider in keinem besonders guten Zustand.

Das Fahrzeug sieht im ersten Moment einer Serien-G/S tatsächlich sehr ähnlich. Bei genauerer Betrachtung fallen allerdings viele Details auf, die stark modifiziert wurden. Beispielsweise gibt es eine Motorkürzung (Modifizierung Lichtmaschine und Gehäuse), wodurch der Motor im Rahmen weiter vorne platziert werden konnte. Hierdurch war man in der Lage, die Schwinge um 50 Millimeter zu verlängern. Auch der Tank war extrem dicht am Lenkkopf montiert, um eine für den Geländeeinsatz vorteilhafte Sitzposition möglichst weit vorne am Lenker einnehmen zu können. Damit die Gabelholme nicht mit dem Tank kollidierten, erhielt dieser zwei große Ausbuchtungen rechts und links. Hinten kam ein 17 (statt 18)- Zoll-Reifen zum Einsatz, der ein außen liegendes Ventil besitzt. Diese Idee stammt von Herbert Schek und sorgt dafür, dass der Schlauch mit dem Mantel im groben Gelände wandern kann, ohne dass die Gefahr besteht, dass das Ventil abreißt. Der Bremsflüssigkeitsbehälter wurde hinter dem Scheinwerfer platziert, damit er bei einem Sturz möglichst geschützt ist. Der 870-ccm-Boxer-Motor wurde mit Magne-

Die Marketing-G/S und die Markteinführung 1980

Als begleitende Marketingmaßnahme zur Markteinführung der BMW R 80 G/S plante man bei BMW einen Imagefilm zu erstellen. Dieser sollte der Kundschaft aufzeigen, was man mit diesem neuen Fahrzeug alles anstellen kann. Man hatte mit der G/S das Segment der Reiseenduro neu geschaffen und nun stand man vor der Aufgabe, das Fahrzeug und seine Möglichkeiten richtig zu kommunizieren. Da gab es auf der einen Seite die Händlerschaft, die das Fahrzeug nahe gebracht werden musste, auf der anderen Seite den Motorradkäufer, der das Fahrzeug verstehen sollte.

Ein Abenteuerfilm für die Endkunden sollte die Faszination für das neue Fahrzeug wecken. Der in Südamerika (Ecuador) gedrehte Film trug anfangs den Arbeitstitel „Von den Quellen des Amazonas zu den Gipfel der Anden", wurde aber später in „Vom Urwald zum ewigen Eis" umbenannt, weil der erste Titel zu lang und sprachlich nicht griffig genug erschien.

Ein zur damaligen Zeit renommierter Dokumentarfilmer erhielt den Auftrag, die Tour von zwei BMW G/S zu

Bilder Mitte (von links): Tankform, wie Original-G/S, nur weiter vorn angebracht, Start per Kickstarter, druckvoller Boxer

Bild oben links: drehfreudiger 870-ccm-Boxer-Motor (verkürzt, um ihn weiter vorne im Fahrzeug zu platzieren)

Bild oben rechts: Cockpit-Instrumente, entliehen von der BMW R 100

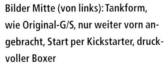

Bilder unten: Eindellungen im vorn sitzenden Tank, um den Gabelholmen beim Einschlagen Platz zu schaffen

Der Schalldämpfer kam der Serie recht nah, er war nur leichter.

Nicht TÜV-konforme Schwingenverlängerung und seitliche Ventilanbringung

17-Zoll-Cantilever-Schwinge für die Extrembelastungen auf den Geländepisten der Anden

sium-Vergaser ausgerüstet und entwickelte mehr Leistung und ein höheres Drehmoment als das Serienaggregat. Grundlage war der Motor 248 mit kürzerem Hub und dem Zylinderdurchmesser von der R 100. Auf einen Anlasser wurde verzichtet. Man musste die Maschinen per Kickstarter antreten.

Unglücklicherweise hatte man bei BMW nach Beendigung des Projekts kontroverse Ansichten über den fertigen Film und verweigerte die Abnahme. So kam es, dass dieser Film nie öffentlich einem Publikum gezeigt wurde und auch nicht als Marketinginstrument eingesetzt werden konnte.

Für die Händler wurden eigens Unterlagen mit Argumentationshilfen für den Verkauf angefertigt (s. S. 92 ff.). So sollten sie den Kunden die neue Reiseenduro und ihre Markteinordnung vermitteln. Nur so war gewährleistet, dass der Argumentationsansatz nicht falsch gewählt wurde. Man wollte die G/S nicht als Enduro für den Geländesport-Einsatz verkaufen, sondern den Leuten das Reisen auf einer Enduro nahebringen. Dies mussten die Verkäufer aber erst selbst verinnerlichen.

Bild oben: Ekke kann es immer noch – hier beim Versuch die alte Dame nach fünf Jahren Standzeit anzutreten.

Bild Mitte: Bremsflüssigkeitsbehälter, gut geschützt hinter dem Scheinwerfer

Bild unten links: Scheibenbremse der Südamerika-G/S

Bild unten rechts: Das Marketing mit der „Fake"-GS funktioniert auch 30 Jahre später noch.

Die neue BMW R 80 G/S.
Keine neue Enduro!
Aber was dann? Und für wen?

**Treffende Antworten auf wichtige Fragen.
Eine Information für Motorrad-Fachleute, die Profis
und Neulingen Rede und Antwort stehen und
somit erfolgreich im Verkauf bleiben wollen.**

Original-BMW-Unterlagen mit Argumentationshilfen für den Verkauf der neuen Reise-enduro und die richtige Markt-einordnung (Abb. S. 92–101)

Warum ist die BMW R 80 G/S ein Motorrad, für das es keine Vorbilder gibt?

Mit der neuen BMW R 80 G/S haben wir einen Motorradtyp geschaffen, für den es zwar eine große Zahl von Interessenten gibt, aber bislang kein Angebot.
Das sollten Sie Ihrem Kunden gleich vorab sagen:
Die BMW R 80 G/S ist keine Enduro.

Warum – ist leicht erklärt.

Die Linienführung und technischen Attribute der BMW R 80 G/S erinnern schon an die Gattung Enduro. Aber – um ein Beispiel zu benutzen: Ein Vierrad-Antrieb bei einem PKW stempelt diesen noch lange nicht zum reinrassigen Jeep. Oder – um bei dem Beispiel zu bleiben: Ein Range-Rover ist kein Jeep. Weil er eine andere Aufgabe hat und dafür eine andere Leistungsfähigkeit braucht.
Hier finden Sie, wenn Sie so wollen, eine gewisse Parallele zur R 80 G/S. Sie ist, wie der Range-Rover, geländetauglich und damit mit reinen Gelände-maschinen/-fahrzeugen vergleichbar, im Gegensatz zu diesen aber auf der Straße unvergleichlich leistungsfähiger.

Schon dieses Beispiel zeigt deutlich: Die BMW Konstrukteure hatten bei der Entwicklung und Konzeption der R 80 G/S eine andere Aufgabenstellung, ein anderes Konzept. Denn die R 80 G/S soll viel mehr als nur Spaß im Gelände bieten. Und diese konstruktiven Besonderheiten werden schon an ihrer Be-zeichnung deutlich: G/S steht für Gelände wie für Straße.

Sagen Sie es so: Die BMW R 80 G/S ist als universell nutzbares Freizeit-Instrument für neue Lebens- und Erlebens-formen konstruiert.

Jetzt können Sie ohne Übertreibung eine Maschine anbieten, die eindeutig ein doppeltes Fahrvergnügen vermittelt:
Die BMW R 80 G/S ist auf der Straße zuhause und abseits davon in ihrem Element.

Wie schon gesagt – die Vollständigkeit, mit der BMW beide Ansprüche erfüllt, war bisher nur in Teilen zu haben, doch nie als Ganzes. Die BMW R 80 G/S besitzt dafür eine neue Technik, die weder dem Vergnügen im Gelände noch dem beschleunigten Vorwärtskommen auf der Straße Fesseln anlegt: mit geländesportlichen Akzenten – z.B. Kickstarter, langen Federwegen, BMW Monolever (die neue Schwingenkonstruktion) und Monoshock (Einzelfeder-bein) – aber ebenso mit hoher Leistungsfähigkeit für die neue Reiseform: eben die Abenteuerreise.

Was werden Sie antworten, wenn Sie jemand danach fragt, was die neue BMW R 80 G/S besser kann als eine Enduro? Sie können beruhigt sagen: praktisch alles. Weil sie ja keine Enduro ist.

Die typische Enduro-Maschine ist ein rauher bis bulliger „Eintopf-Geselle" mit begrenztem Aktionsradius und Trommelbremsen, kleiner Sitzbank, geringer Zuladungsmöglichkeit sowie mit ganz auf Off-Road-Qualitäten abgestimmtem Fahrverhalten.

Die BMW R 80 G/S dagegen kann mehr – viel mehr. Hier vorab schon mal eine kurze Aufzählung:

- Beispielhafte Laufkultur des 2-Zylinder-Boxers durch vollkommen ausgeglichene Massenkräfte der 1. und 2. Ordnung.
- Durchzugsfreudigkeit und Spurtstärke durch die aus 800 cm³ resultierende Kraft und das Drehmoment (1).
- Der kräftige Doppelschleifen-Rohrrahmen widersteht höchsten Beanspruchungen und verhindert alle Fahrwerksverwindungen: Die R 80 G/S läuft auch auf der Straße perfekt geradeaus (2).
- Der BMW Monolever mit Monoshock schließt jede Beeinträchtigung der Richtungsstabilität durch ungleiche Rechts-/Linkskräfte aus (3).
- Kegelrollenlager im großzügig dimensionierten Lenkkopf führen spielfrei die Teleskopgabel (200 mm Federweg) im Interesse hoher Lenkpräzision; kompakte Bauweise und leichte Werkstoffe

verringern das Trägheitsmoment um die Lenkachse (4).
- Die BMW R 80 G/S verbessert das mäßige Bremsverhalten der Enduros um eine ganze Klasse. Beim Soziabetrieb trennen sie durch ihre Bremssicherheit Welten von einer Enduro. Die R 80 G/S besitzt eine gelochte Festsattel-Scheibenbremse mit asbestfreien Semimetallbelägen, die das Naßbremsverhalten sogar um bis zu 50% verbessern (5).
- Die gehärteten Leichtmetallfelgen tragen eine Reifen-Neuentwicklung, die Komfort, Spurtreue und Haftvermögen bis 170 km/h sichert (6).
- Sitzbank und Zuladung (212 kg) erlauben Abenteuerreisen mit Sozia und Gepäck (7).
- Das Fassungsvermögen des Tanks (19,5 l) und der H4-Scheinwerfer (140 mm ⌀) erhöhen Reichweite und Sicherheit abseits der großen Straßen (8 + 9).

Um es kurz zu machen: Der entscheidende Unterschied zwischen einer Enduro und der BMW R 80 G/S ist deshalb nicht allein der Niveauunterschied bei Qualität und Wertbeständigkeit, sondern der Abstand, mit der die R 80 G/S auch auf der Straße Leistungsvermögen und Sicherheit gewährleistet.

**Wer wird auf Sie zu-
kommen und sich für die
BMW R 80 G/S interes-
sieren?**

**Jetzt können Sie sagen:
Wer eine geländefähige Maschine mag, aber auf die
Eigenschaften eines klassischen Tourers nicht ver-
zichten kann, braucht ab sofort nicht mehr zwei
Motorräder zu kaufen.
Sondern nur noch eine BMW:
die neue BMW R 80 G/S.**

Es werden viel mehr und vor allen Dingen auch andere auf Sie zukommen
als die sportbegeisterten Interessenten für Geländemaschinen. Der Grund:
Wenn Sie diese Maschine vorstellen, erschließt sich Ihnen gleichsam wie von
selbst ein großes Reservoir von vorhandenen, aber noch nicht befriedigten
Käuferwünschen. Sie können ganz sicher mit der Aufmerksamkeit von Interessenten rechnen, die schon immer davon geträumt haben, sich zwei verschiedene Motorradwünsche zu erfüllen. Aus finanziellen Gründen aber davon
Abstand nehmen mußten.

Warum sollten Sie die BMW R 80 G/S nicht nur erfahrenen Profis, sondern ebenso dem Einsteiger in das Motorrad-Fahrvergnügen empfehlen?

Weil ihre Eigenschaften sie für beide Gruppen gleichermaßen prädestinieren. Die R 80 G/S bietet verschiedene, sehr eindrucksvolle konzeptionelle und technische Premieren. Eine ganz wichtige: Die R 80 G/S ist das leichteste Serienmotorrad der großen Klasse – 800 cm³, 167 kg trocken. Damit ist die R 80 G/S für eine „schwere 800er" revolutionierend leicht. Oder anders: Es gibt kein Serienmotorrad dieser Hubraum-Kategorie mit einem so günstigen Gewicht. Und das kann man beim Fahrverhalten sofort spüren.

Grundlage für ein so einmaliges Hubraum-/Gewichtsverhältnis:

die BMW Erfahrung im harten Sporteinsatz. Eine BMW GS 80 war unter den ersten Fünf im Super-Marathon 1980, der spektakulären 11.000 km-Strapaze von Paris nach Dakar. Zuverlässige, problemlose BMW Technik sicherte 1979 in der Klasse über 750 cm³ Platz 1 und 2 der Deutschen Geländemeisterschaft, den Europa-Vizemeistertitel und die Weltmeisterschaft bei der internationalen 6-Tage-Fahrt. 1980 belegt BMW den 1. Platz in der Europameisterschaft.

Investieren Sie also in Ihr zukünftiges Geschäft. Aktivieren Sie nicht nur „alte" Käuferkreise. Erschließen Sie sich auch und ganz besonders neue!

Der erfahrene Motorradfahrer mit Einschätzungsvermögen wird schon nach der ersten Probefahrt die positiven Auswirkungen des sehr günstigen Gewichts auf Handling- und Fahreigenschaften bestätigen. Und dies ist auch ein zwingendes Argument für Newcomer. Deshalb sollten Sie dieses Motorrad nicht nur als Erfüllung der Wünsche von Erfahrenen betrachten, als Motorrad, mit dem selbst alte Hasen zu beeindrucken sind. Die BMW R 80 G/S ist vielmehr eine ebenso optimale Empfehlung für alle, die mit dem Sport Motorradfahren anfangen.

Welchen Grund gibt es noch, möglichst vielen die Probefahrt auf der R 80 G/S zu ermöglichen?

Kurz und bündig: der nach wie vor starke Drang aufzusteigen. Obwohl in Deutschland weniger Möglichkeiten zu unbehinderten Geländefahrten bestehen, hatten und haben wir einen sich in jedem Jahr steigernden Boom an Enduro-Interessenten. Und das Wichtigste: Mit jedem Entwicklungsschritt zum größeren Hubraum wuchs diese Nachfrage. Der jeweils größere Hubraum raubte dabei dem kleineren die Attraktivität und Zulassungsbedeutung.

Denn – wie gesagt – die Enduros werden in Deutschland sowieso praktisch ausschließlich auf der Straße genutzt. Und eine Maschine, die zusätzlich zu dem, was eine Enduro kann, mehr können soll, ist deshalb der logische Entwicklungsschritt. Geben Sie den Fahrern der klassischen Halbliter-Eintöpfe eine R 80 G/S zur Probefahrt. Sie werden den entscheidenden Unterschied sofort erkennen. Denn die Präzision, mit der diese BMW geradeaus läuft, mit der sie in engen Kurvenkombinationen der eingeschlagenen Ideallinie folgt, distanziert eben nicht nur Enduros, sondern offenbart Klassenunterschiede – selbst zu mancher Straßenmaschine.

Warum besitzt nun die neue BMW R 80 G/S für eine geländegängige Maschine so unglaublich gute Fahreigenschaften auf der Straße?

Wenn man Ihnen diese Frage stellt, dann sollten Sie Ihre Kunden mit den Eigenschaften einer weiteren Premiere vertraut machen: dem BMW Monolever – einem konstruktiven Ideal, wenn extreme Forderungen im Gelände und auf der Straße gestellt werden.

Ein Fahrwerk, das sich im Straßenbetrieb als ebenso problemlos erweisen muß wie im Gelände, erfordert außergewöhnlichen Aufwand bei der Hinterradführung.

Die wesentlichen Forderungen: hohe Torsionssteife, geringes Gewicht, eine präzise Schwingenlagerung mit kleinstmöglichem Spiel, Unempfindlichkeit gegenüber Stoß und Schlag.

● Die von BMW gewählte Konstruktion ist einmalig für eine geländefähige Maschine und zugleich das markanteste Merkmal der R 80 G/S: Die Torsionssteifigkeit ist um 50% höher, die Gewichtsersparnis zur Doppelarmschwinge beträgt mehr als 2 kg.

● Kegelrollenlager für die Verbindung von Schwingengabel und -bolzen verhindern jedes störende Eigenleben der Hinterradführung.

● Der Monoshock schließt Beeinträchtigungen der Richtungsstabilität aufgrund ungleicher Rechts-/Linkskräfte sicher aus.

● Die Einarmschwinge entwickelt sich logisch aus dem Kardanantrieb mit seinem extrasteifen Führungsrohr.

● Neben den generellen Vorteilen dieser Kraftübertragung gerade im Gelände – voll verkapselt, hochbelastbar und wartungsfrei – bietet der BMW Monolever die beste Voraussetzung für einen einfachen Radwechsel – das Rad ist mit nur 3 Schrauben befestigt.

Und die hieraus resultierenden Fahreigenschaften bestätigen, daß für solche harten, ungewöhnlichen Anforderungen keine konventionelle Schwinge mit zwei Federbeinen die Qualitäten dieses BMW Entwurfs erreicht.

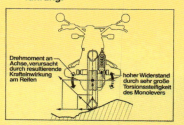

Drehmoment an Achse, verursacht durch resultierende Krafteinwirkung am Reifen

hoher Widerstand durch sehr große Torsionssteifigkeit des Monolevers

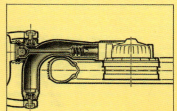

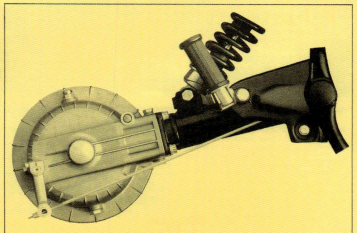

Resümee: Der BMW Monolever bringt keine Probleme mit der Abstimmung zwischen linkem und rechtem Stoßdämpfer, schließt Versatz beim Bremsen durch ungleiche Federcharakteristik aus, verhält sich auch bei hohen Geschwindigkeiten spurstabil und macht die R 80 G/S damit auf der Straße wie im Gelände gleichermaßen sicher beherrschbar.

Was müssen Sie wissen, um zu erklären, daß sich die neue BMW R 80 G/S nicht nur bei den Fahreigenschaften im Solobetrieb deutlich von anderen geländefähigen Maschinen unterscheidet?

Machen Sie klar, welch gewaltiger Unterschied beim Nutzen der BMW R 80 G/S im Soziabetrieb mit Zuladung besteht – zeigen Sie den Klassenunterschied beim Bremsverhalten. Die sonst übliche Trommelbremse vorn ist wegen ihrer begrenzten Leistungsfähigkeit gerade auf den meist langen Anfahrtswegen ins Gelände ein erhebliches Sicherheitsrisiko. Ihr starkes Fading besonders bei hoher Zuladung und Geschwindigkeit macht sie dafür ungeeignet. Die Festsattel-Scheibenbremse der BMW dagegen ist allen Belastungen – auch unter schwersten Bedingungen, z.B. bei Reisen zu zweit, Zuladung und Bergfahrten – gewachsen.

● Sorgfältige Bremsversuche bestätigen die außerordentliche Sicherheit der BMW R 80 G/S.

Zum Beispiel wurden 2 gängige 500 cm^3 Enduros gegen die BMW R 80 G/S aus 100 km/h heruntergebremst. Die Beladung, sowohl solo als auch mit Sozius, war bei allen Maschinen identisch.

Die Fahrgewichte:

BMW R 80 G/S	solo	: 279 kg
	mit Sozius:	376 kg
Yamaha XT 500	solo	: 234,3 kg
	mit Sozius:	331,3 kg
Honda XL 500	solo	: 225,2 kg
	mit Sozius:	322,2 kg

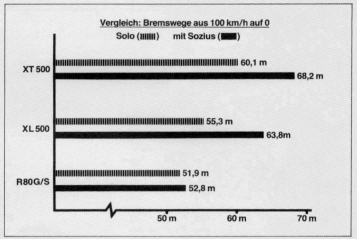

Vergleich: Bremswege aus 100 km/h auf 0
Solo (▥▥▥) mit Sozius (■■■)

XT 500: 60,1 m / 68,2 m
XL 500: 55,3 m / 63,8 m
R80 G/S: 51,9 m / 52,8 m

50 m   60 m   70 m

Die Ergebnisse: Das dramatisch bessere Bremsvermögen im Soziusbetrieb wird ganz besonders deutlich. Die BMW R 80 G/S hat einen im Durchschnitt um rund 20 % kürzeren Bremsweg. Und das heißt beim Bremsen aus 100 km/h rund 15 m weniger – was in etwa 7 Motorradlängen entspricht. Ein Beispiel mehr dafür, wie groß der Unterschied zwischen der BMW R 80 G/S und herkömmlichen Enduros ist.

Eine weitere entscheidende Sicherheitsreserve der BMW R 80 G/S:

BMW setzt jetzt als erster Motorrad-Hersteller der Welt eine Bremse ein, die das Naßbremsfading auf ein kleinstmögliches Maß reduziert.

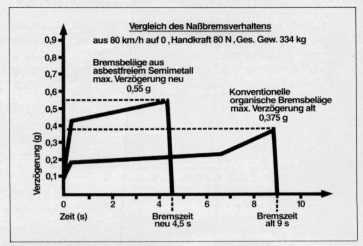

Die BMW R 80 G/S benutzt wie alle BMW Maschinen der Modellgeneration '81 für ihre Scheibenbremsen neuartige Bremsbeläge mit revolutionierenden Leistungsmerkmalen. Das Material: asbestfreies Semimetall.

Vergleich des Naßbremsverhaltens
aus 80 km/h auf 0 , Handkraft 80 N , Ges. Gew. 334 kg

Bremsbeläge aus asbestfreiem Semimetall max. Verzögerung neu 0,55 g

Konventionelle organische Bremsbeläge max. Verzögerung alt 0,375 g

Verzögerung (g)

0,9 — 0,8 — 0,7 — 0,6 — 0,5 — 0,4 — 0,3 — 0,2 — 0,1

Zeit (s) — 0 2 4 6 8 10

Bremszeit neu 4,5 s

Bremszeit alt 9 s

Die Grafik zeigt die Wirkung der BMW Bremsleistung: Die Bremszeit kann bis zu 50 % kürzer sein.

Wie erklären Sie die attraktive Leistungsfähigkeit und den Fahrkomfort der neuen BMW R 80 G/S? Und wie begründen Sie den Unterschied zu anderen geländefähigen Maschinen?

● Der BMW 2-Zylinder-Boxer zeigt eine beispielhafte Laufkultur durch die vollkommen ausgeglichenen Massenkräfte 1. und 2. Ordnung.

● Diese Laufkultur und die aus 800 cm³ resultierende Kraft und

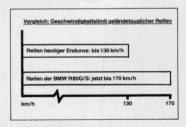

Vergleich: Geschwindigkeitslimit geländetauglicher Reifen

Reifen heutiger Enduros: bis 130 km/h

Reifen der BMW R80G/S: jetzt bis 170 km/h

km/h — 130 — 170

das Drehmoment (56,7 Nm bei 5000/min) machen die BMW R 80 G/S nicht nur durchzugsfreudig und spurtstark, sondern ermöglichen auch ein für eine geländefähige Maschine unvergleichlich kultiviertes Reisen mit hohen Durchschnittsgeschwindigkeiten. Bis heute galt für geländetaugliche Reifen ein Geschwindigkeitslimit von 130 km/h. Aber diese Geschwindigkeit war für bestehende, selbst leistungsfähige Enduros nur ein theoretischer Grenzwert. Ganz unabhängig davon, daß die schlechten Geradeauslauf-Eigenschaften ein sehr aufmerksames Fahren erfordern. Die R 80 G/S hat nicht nur aufgrund ihres leistungsfähigen Triebwerks ein erheblich größeres Geschwindigkeitspotential.

● BMW rüstet sie in ihrer Kategorie als erster Hersteller mit Reifen der R-Klasse aus – eine Reifen-Neuentwicklung, die Haftvermögen bis 170 km/h garantiert und eine für einen solchen Reifentyp völlig neue Spurkonstanz bietet. Die außerordentliche Fahrsicherheit auf schnellem Kurs wird damit komplettiert.

**Warum ist die Qualitäts-Argumentation zur neuen BMW R 80 G/S unvollständig, wenn Sie den Boxermotor nicht beschreiben?
Weil auch er konsequent überarbeitet wurde.**

● Die BMW R 80 G/S hat die neue, von modernsten Hochleistungsmotoren bekannte Technologie des buchsenlosen Vollaluminium-Zylinders mit nickelbeschichteten Laufbahnen und Siliziumkarbid-Einlagerungen.
Ergebnis:
– Eine noch höhere Abriebfestigkeit als bei Hartchrom-Laufflächen.
– Hohe Laufleistungen durch reduzierten Verschleiß.
– Ein gegenüber Grauguß verdreifachtes Wärmeleitvermögen für erhöhte Betriebssicherheit.
– Kürzere Einlaufzeiten.
– Weniger Ölverbrauch.
   Resultat: eine nochmalige Verbesserung des günstigen Trägheitsmoments um die Rollachse, das beim BMW Boxer schon seit je günstig ist. Das Handling wird dadurch noch einmal eindrucksvoll optimiert.
   Darüber hinaus bietet das Triebwerk weitere Vorteile:
● Kickstarter mit großem Hebelarm und optimalem Übersetzungsverhältnis für leichtes Antreten.
● Elektronische kontaktlose Zündung mit gewichtsreduzierter Doppelspule und neuem Regler in Mikro-Bauweise garantiert konstante Regelspannung des Batterie-Ladestroms, sorgt für Verbrauchsminderung und hervorragende Langzeit-Laufeigenschaften.

● Gegen Schäden verstärkt abgesichertes Motorgehäuse und Ölwanne mit Gleitschutz.
● Perfekter Ölkreislauf durch optimale Ölführung und große Ölwanne.
● Plattenluftfilter für großes Ansaugvolumen, Geräuschreduzierung, vereinfachte Reinigung und Wechsel.
● Die neue, extrem leichte Kupplung erfordert 30 % weniger Handkraft, ist leicht und präzise dosierbar.
● Optimale Gemischbildung, auch im rauhen Einsatz, durch zwei geneigt angeordnete Gleichdruckvergaser mit zusätzlicher Schieberführung.
● Die über ein Verteilerstück geführten Gaszüge reduzieren mögliche Reibungsverluste und sorgen für beste Synchronisation beider Vergaser.
● Bedienungsgünstig am Lenker angeordneter Choke-Hebel.

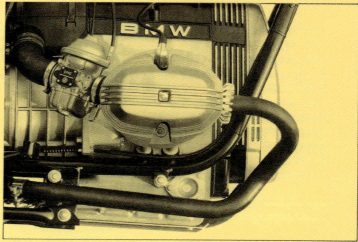

Was müssen Sie zur Klasse im Detail wissen? Und was sollten Sie Ihren Kunden dazu sagen?

Zu den entscheidenden technischen Vorteilen der R 80 G/S ist auch dies ein wichtiger Punkt, wenn Sie auf den erheblichen Preisunterschied zwischen der BMW R 80 G/S und anderen geländefähigen Motorrädern angesprochen werden.

Lassen Sie den Kunden vergleichen und erkennen, daß dieses Motorrad durch eine aufwendige Technik eine andere, höhere Leistungsfähigkeit bietet. Wer die R 80 G/S im Detail betrachtet, wird zusätzlich eine Vielzahl von Argumenten finden, die den Preisunterschied mehr als rechtfertigen.

Machen Sie deutlich, daß zur Liebe am Detail z. B. auch ein durchdachtes, umfassendes Angebot an Zubehör gehört. Auch das entscheidet, wieviel Freude man an einem Motorrad haben kann.

Das BMW System von Motorrad-Sonderausstattungen und Zubehör wurde für die BMW R 80 G/S aufgabengerecht abgestimmt. Es gibt u.a. Zylinderschutzbügel mit integrierter Seitenstütze, Quarzuhr, Drehzahlmesser, Elektroanlasser mit 16 Ah Batterie, eine Steckdose in Verbindung mit dieser Batterie, Motokofferhalter rechts sowie Motokoffer schwarz oder weiß, Gepäckträger einzeln oder zusammen mit Motokofferhalter, Erste-Hilfe-Set, Spritzschutz hinten und Superwerkzeugsatz.

Sie können dazu feststellen: Mit den Sonderausstattungen und dem Zubehör der BMW R 80 G/S gibt es jetzt zum ersten Mal BMW Perfektion im Markt der geländefähigen Motorräder.

Engagieren Sie sich für die neue BMW R 80 G/S – der Erfolg wird Ihren Aktivitäten recht geben. Denn die Voraussetzungen dafür sind extrem günstig.

Die neue BMW R 80 G/S hat ein so attraktives Konzept, es trifft auf intensive Käuferwünsche und startet in einen expandierenden Markt.
Investieren Sie in ein gutes Geschäft – machen Sie vielfältigen Gebrauch von den verkaufsunterstützenden Maßnahmen, die wir Ihnen im Werbemittelangebot zur BMW R 80 G/S vorgestellt haben.

Wir wünschen Ihnen viel Erfolg.

BMW – Freude am Fahren

BMW Motorrad GmbH, Abt. RM-M, Postfach 40 03 60, 8000 München 45

Printed in West Germany
0 25 20 0210   2/80

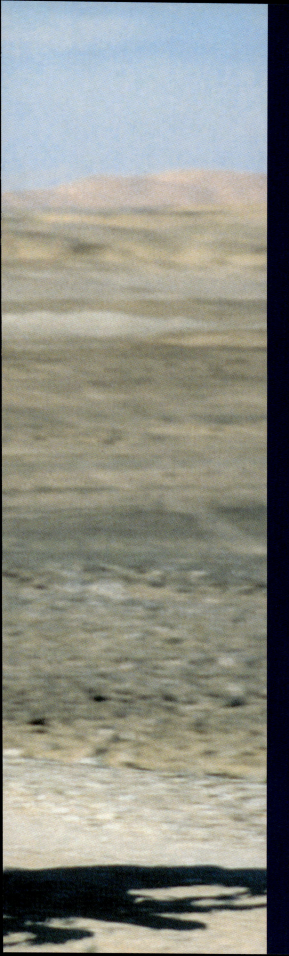

Hubert Auriol 1983 auf dem
Weg zu seinem zweiten
Dakar-Sieg auf einer BMW
France/Schek-GS

Die Dakar-
Einsätze

Die BMW GS ist über die Jahre zum
Mythos geworden. Ihre Teilnahmen an
der Rallye Paris-Dakar trugen viel zu
diesem Mythos bei.

Eine Les Concessionnaires BMW von der Dakar 1980 steht heute in Seibersdorf bei HPN.

Die legendären Dakar-Einsätze der BMW GS

Für die Rallye Paris-Dakar 1980, sprich Ende 1979, wurde eine Anfrage von BMW Frankreich an BMW München gerichtet, ob man sich für diese Wüstenrallye nicht eine werksseitige Teilnahme vorstellen könne – und zwar auf Basis der künftigen Serien-G/S. Zuvor hatte man die BMW-Händlerschaft in Frankreich um finanzielle Unterstützung gebeten. In München war man bereit, die Fahrzeuge und Teile zur Verfügung zu stellen. Allerdings wollte man dieser Aktion keinen offiziellen Status geben. Und so wandte sich der BMW-Motorsportleiter Dietmar Beinhauer – eher in Form einer Privatinitiative und in der Freizeit – an den Metallverarbeitungs- und Lackierbetrieb Sagner in München. Dort war man sehr motorradaffin und half Beinhauer gerne beim Aufbau der gewünschten Rallyefahrzeuge.

Eine der berühmten Les Concessionnaires (zu Deutsch: Händlerschaft) BMW steht heute in gutem Zustand in Seibersdorf bei HPN. Die Fahrer waren der Franzose

Fenouil und Hubert Auriol. Dieser fiel mit Getriebeproblemen am 16. Januar 1980 aus. Fenouil hingegen beendete die Rallye auf dem 5. Platz.

Für das nächste Rallye-Jahr 1981 erinnerte sich Dietmar Beinhauer an die sehr gut funktionierenden Maschinen aus der Straßen-Langstrecke, die Alfred Halbfeld und Peter Zettelmeyer schon in den 70er-Jahren gebaut hatten *(Siehe auch Kapitel „Die Rallyeschmiede HPN" ab Seite 111)* und wandte sich mit dem Entwicklungsauftrag an Klaus Pepperl, Fred Halbfeld und Michael Neher von HPN. Das triumphale Ergebnis war der erste Sieg für das deutsche BMW-Rallye-Team mit Hubert Auriol an der Spitze. Die weiteren Fahrer Fenouil und Neimer belegten die guten Plätze 4 und 7. Raymond Loizeaux landete als BMW-Privatfahrer auf Platz 15.

1982 sollte für das BMW-Team kein erfolgreiches Jahr bei der Rallye Paris-Dakar werden. Der Teamchef Dietmar Beinhauer zog aufgrund von Getriebeproblemen am 10. Januar das gesamte Team in Gao (Stadt in Mali am Ufer des Niger) von der Veranstaltung zurück. Die Ursache der Getriebeschäden waren die gegenüber 1981 gestiegene

Die Dakar-Siegermaschine 1981 von Hubert Auriol als Ausstellungsstück im BMW Museum

Hubert Auriol und Gaston Rahier auf Schek-BMW GS bei der Rallye Dakar im Jahr 1984

Motorleistung der 1.000-ccm-Motoren und die verbesserte Kupplung, die den Rallye-Einsatz nicht mehr mit Durchrutschen quittierte. Dies war wohl auch einer der Gründe, warum Hubert Auriol sich im Auftrag von BMW France für die Dakar 1983 für den Bau von Einsatzfahrzeugen an Herbert Schek aus Wangen wandte.

So kam es, dass 1983 BMW France (Arcueil Motor) und Schek als technischer Berater mit Hubert Auriol einen Dakar-Sieg einfuhren. Georges Fenouil und Raymond Loizeaux landeten als weitere Fahrer auf den Plätzen 9 und 14. Angespornt durch diesen Erfolg und wegen Budget-Problemen von BMW France stieg 1984 BMW München wieder in das Rallye-Geschehen ein. Schek durfte drei Fahrzeuge bauen und als Privatfahrer mit einem vierten selbst bei der Veranstaltung teilnehmen. Wenn auch nicht

1985: BMW gewinnt die
Paris-Dakar und …

bei der Dakar 1984, so setzte BMW doch bei diversen Veranstaltungen, zum Beispiel bei der Baja in Spanien (E. Hau, 2. Platz), der Roof of Africa (G. Rahier, 5. Platz) und der Rallye Pharao (G. Rahier, 1. Platz, E. Hau 2. Platz) von HPN aufgebaute Rallye-GS ein, um die Entwicklung weiter voranzutreiben.

1985 war dann das große Dakar-Jahr für HPN. Der unvergessene Gaston Rahier gewann die Rallye Paris-Dakar mit der spektakulären Marlboro-HPN und legte so den Grundstein für den bis heute andauernden Hype rund um die kleine Firma in Seibersdorf und ihre Motorräder. Das Fahrzeug war von BMW München in Auftrag gegeben worden. Die Fahrer Eddy Hau und Raymond Loizeaux stürzten beide schwer und fielen mit gebrochenem Arm und gebrochenem Fuß bei der Rallye aus. Der BMW-Privatfahrer Daniel Pescheur kam ins Ziel und wurde 22.

Nach dem Sieg 1985 trat BMW München 1986 wieder mit drei von HPN gebauten Werksmotorrädern an den Start. Neben Eddy Hau und Raymond Loizeaux war auch der Vorjahressieger Gaston Rahier wieder am Start. Die vorderen drei Plätze wurden in diesem Jahr allerdings durchweg von Honda belegt. Cyril Neveu gewann die Rallye. Eddy Hau kam auf Platz 8 und Loizeaux auf 18 ins Ziel. Für Rahier lief es alles andere als gut und er wurde,

... nutzte die Erfolge mit der GS geschickt für die Werbung und das Marketing.

Das triumphale Rallye-Jahr 1985: Gaston Rahier holte auf der HPN-Marlboro-BMW souverän den Sieg.

107

nach einem schweren Sturz auf der Etappe nach Agadez,
nur enttäuschender 14.

Abermals zog sich BMW offiziell aus der Rallye-Welt
zurück und so machte Gaston mit seinem privaten Team
Rahier Racing und HPN weiter. Er selbst fuhr selbstver-

BMW BOXER-RALLYESIEGE BIS 2000

Zwar liegt der Schwerpunkt der GS-Legenden-Bildung auf den Dakar-Einsätzen dieser Fahrzeuge,
aber erfolgreich waren die BMW Boxer-GS auch bei vielen anderen Rallye-Veranstaltungen.

Die Siege bis ins Jahr 2000 waren wie folgt:

1981 Rallye Paris-Dakar	Hubert Auriol	BMW R 80 G/S	Platz 1
1983 Rallye Paris-Dakar	Hubert Auriol	BMW R 80 G/S	Platz 1
1984 Rallye Paris-Dakar	Gaston Rahier	BMW R 80 G/S	Platz 1
Rallye Pharaos	Gaston Rahier	BMW R 80 G/S	Platz 1
	Eddy Hau	BMW R 80 G/S	Platz 2
Baja 1000 California	Gaston Rahier	BMW R 80 G/S	Klassensieg
	Eddy Hau		
1985 Rallye Paris-Dakar	Gaston Rahier	BMW R 80 G/S	Platz 1
Rallye Pharaos	Gaston Rahier	BMW R 80 G/S	Platz 1
Baja 1000 California	Gaston Rahier	BMW R 80 G/S	Klassensieg
	Eddy Hau		
1988 Rallye Paris-Dakar	Eddy Hau	BMW HPN G/S	Marathonwertung Platz 1
1989 Rallye Pharaos	Richard Schalber	BMW HPN G/S	Marathonwertung Platz 1
1992 Rallye Paris-Kapstadt	Jutta Kleinschmidt	BMW R100 GS PD	Damenwertung Platz 1
1997 Rallye Tunesien	Peter Sperlich	BMW Basic	2-Zylinderwertung Platz 1
Rallye München-Breslau	Ingo Zahn	BMW HPN Sport	2-Zylinderwertung Platz 1
Rallye Cup	Ingo Zahn	BMW HPN Sport	2-Zylinderwertung Platz 1
ADAC Rallye Cup	Ingo Zahn	BMW HPN Sport	Gesamtsieg
2000 UAE Desert Challenge	Jimmy Lewis	BMW R 900 RR	Platz 1

ständlich eine HPN. Die weiteren Fahrer des Teams Loizeaux und Boudou liefen auf den Plätzen 15 und 16 ein.
Gaston Rahier schaffte es immerhin auf Platz 3 und stand
somit auf dem Treppchen. 1988 gab es wieder einen Sieg zu
vermelden. Eddy Hau fuhr mit einer privat eingesetzten
HPN mit Unterstützung von BMW auf den Gesamtrang
12 und gewann so die Marathonklasse, Richard Schalber
belegte Gesamtplatz 25 und Platz 5 in der Marathonklasse.
Für das Ecureuil Team, ausgestattet mit HPN-Motoren,
Getrieben und Schwingen (BMW-Sponsoring), belegten
Joineau den 21. und Jean Mari Poli den 24. Platz.

Die etwas merkwürdig aussehenden Ecureuil BMW
HPN, die schon 1988 von Joineau und Poli eingesetzt worden waren, kamen 1989 mit den Fahrern Bacou und Joineau wieder zum Einsatz, auf den Rängen 10 und 13 gar
nicht so schlecht platziert. Anfang der 90er-Jahre wurde
das Rallye-Engagement von BMW und HPN ziemlich
zurückgefahren.

Von HPN und BMW unterstützt, startete Jutta Kleinschmidt (später Werksfahrerin im Race-Touareg von
Volkswagen und bisher einzige Frau, die 2001 einen Sieg in
der Rallye Paris-Dakar erzielte) 1992 mit einer BMW

Oscar Gallardo 1998 beim
Wüstentest mit einer BMW
F 650 RR

R 100 GS Paris-Dakar zur neuen Rallye Paris-Kapstadt und fuhr auf dem sensationellen Platz 23 ins Ziel. Damit gewann sie überlegen die Damenwertung.

1993 beteiligte sich keine HPN an der Rallye Paris-Dakar. Raymond Loizeaux und David Castera starteten 1994 wieder auf HPN-BMW und belegten die Plätze 29 und 8. 1995 fiel Loizeaux mit einer HPN-BMW aus. Auch 1996 starteten mit den zwei Privatfahrern Castera und Tramontana und Loizeaux auf einer HPN-BMW wieder Motorräder aus bayerischem Hause in Afrika. 1995 und 1996 hieß die Rallye Granada-Dakar. Auch 1997 war es Raymond Loizeaux der die BMW-Fahnen auf der Rallye Dakar-Agadez-Dakar hochhielt. Er wurde mit Platz 43 belohnt.

Zeitgleich entwickelte Richard Schalber den BMW-Einzylinder F 650 zu einem rallyetauglichen Einsatzgerät. Nachdem Jean Brucy 1997 auf der Schalber-F einen guten Eindruck hinterlassen hatte, engagierte sich BMW 1998 wieder im Dakar-Geschäft und setzte ein F 650-Werksteam unter der Leitung von Richard Schalber ein. Die Top-piloten Richard Sainct, Oscar Gallardo, Jean Brucy und Andrea Mayer wurden im neuen Werksteam eingesetzt. Gewonnen hat die Paris-Granada-Dakar in diesem Jahr aber erneut Stéphane Peterhansel auf Yamaha.

Doch schon 1999 war das Team erfolgreich. Richard Sainct gewann die Granada-Dakar, wie die Rallye in diesem Jahr hieß. Oscar Gallardo beendete die Rallye auf Platz 9 und Jean Brucy fuhr auf Platz 20. Andrea Mayer gewann mit Gesamtrang 32 die Damenwertung. Im gleichen Jahr fuhr Oscar Gallardo die brandneue HPN-BMW R 1100 GS/RR mit 4-Ventil-Boxer-Motor bei der Optic 2000 (Tunesien-Rallye) auf Platz 34. Im Herbst dieses Jahres be-

legten J. Deacon Platz 4 und J. Lewis Platz 57 auf der KAE Desert Challenge in Dubai.

2000 war eines der erfolgreichsten BMW Motorrad-Jahre bei der Dakar (Paris-Dakar-Kairo). Richard Sainct

F 650 RR-Siegermaschine von Richard Sainct vom Werks-einsatz 1999 (Leitung Richard Schalber)

Moderne Boxer HPN 1150 RR aus dem Jahr 2002 von PG Lundmark für die Dakar

und Oscar Gallardo fuhren mit der Rallye-F 650 auf den Plätzen 1 und 2 einen Doppelsieg heraus. Jean Brucy landete auf Platz 4 und Andrea Mayer auf Platz 53. Das Bemerkenswerte war allerdings, dass schon seit 1998 HPN für BMW an der Entwicklung eines neuen Rallye-Boxers arbeitete, da man sich in München und Seibersdorf einig war, dass wieder ein Boxer (besser für das Marketing) im Rallyesport eingesetzt werden musste. Die spektakuläre BMW R 900 RR wurde von HPN gebaut und von Jimmy Lewis 2000 erstmalig bei der Paris-Dakar-Kairo eingesetzt. Auf Anhieb fuhr er mit Platz 3 hinter den Rallye-F auf das Treppchen.

Im Jahr 2001 wurde die neue Rallye 900 RR dann mit vier Toppiloten eingesetzt. Richard Sainct verließ das Team und wechselte zu KTM, da ihm die BMW zu wuchtig und schwer erschien. Er zog die Rallye KTM 660 und somit einen leichten Einzylinder vor. Von KTM kam im Gegenzug Juan „Nani" Roma zu BMW und verstärkte das Team mit Jimmy Lewis, John Deacon und Cyril Despres. Andrea Mayer blieb bei der handlichen Rallye-F 650. Zum Leidwesen von BMW begann in diesem Jahr die erfolgreiche Zeit von KTM bei der Dakar und Meoni gewann. Für BMW blieben die Platzierungen 6 (John Deacon), 7 (Jimmy Lewis), 13 (Cyril Despres) und 30 (Andrea Mayer), nachdem Nani Roma mit der 900 RR in Mauretanien auf Platz 2 liegend mit einem Bänderriss aufgeben musste.

So rasch sich BMW im Rallyesport zurückgemeldet hatte, so rasch verschwanden die Bayern auch wieder von der Bildfläche. Das nachlassende Medieninteresse und das somit schwierige Umsetzen der Erfolge im Marketing wurden als Gründe angeführt. Für HPN war dieser Rückzug wieder mal eine schwierige Situation, da man sich schon Mitte der 80er-Jahre ein mehrjähriges Engagement von BMW in diesem Bereich erhofft hatte. Schließlich stellt dies die Kernkompetenz von HPN dar und die Seibersdorfer profitierten natürlich von den Werkseinsätzen, auch unternehmerisch. Auf Basis der R 900 RR bot HPN nach dem Werksausstieg finanzkräftigen Privatfahrern Einsatzfahrzeuge für den Rallyesport an.

2002 war es der gesponserte Privatfahrer PG Lundmark, der sich auf Basis einer neuen 4-Ventil-Boxer-GS von HPN eine Rallye-BMW aufbauen ließ, um diese bei der Dakar einzusetzen. Bleibt zu hoffen, dass BMW das Potenzial dieser Rallye-Einsätze wieder erkennt und faszinierende Werksrenner bauen lässt. Am besten in einem kleinen bayerischen Dorf am Inn. Allerdings müsste sich hierzu erst das Regelwerk der Dakar (Stand 09/2010) ändern und es müssten wieder Zweizylinder mit großem Hubraum zugelassen werden.

Die Rallyeschmiede HPN

Der Firmenname HPN setzt sich aus den Anfangsbuchstaben der Nachnamen der Firmengründer zusammen. Im Frühjahr 1980 gründeten in Fraunberg bei Erding Alfred Halbfeld, Klaus Pepperl und Michael Neher (verließ die Firma 1988) die Firma HPN Motorradtechnik GmbH.

Halbfeld kam von den Zuverlässigkeitsfahrten (kurz ZuFis) aus den 70er-Jahren. Auch nach dem Umstieg auf Langstreckenrennen fuhr er BMW. Für diese Straßeneinsätze entwickelte Halbfeld zusammen mit seinem damaligen Co-Fahrer Peter Zettelmeyer ein Gitterrohr-Fahrwerk, das später unter der Bezeichnung MKM als straßenzugelassenes Motorrad bekannt wurde. Das Ganze entstand unter der Einbindung des Ingenieur-Büros Neher. Um die rechtlichen Rahmenbedingungen für eine Fahrzeug-Kleinserie mit diesem Fahrwerk herzustellen, wurde kurzerhand die Firma HPN gegründet. Parallel zu dieser Eigenkonstruktion entwickelte HPN zu diesem Zeitpunkt bereits Teile im Auftrag der BMW-Versuchsabteilung. Die Kontakte entsprangen der Tätigkeit von Fred Halbfeld als BMW-Versuchsmechaniker und Erprobungsfahrer. Mit der Zeit entwickelte sich eine enge Zusammenarbeit in vielen Konstruktionsbereichen, die bis heute anhält. Die Gitterrohr-Straßenmaschine wurde nach der Fertigstellung BMW präsentiert. Durch einen weiteren

Unglaubliche Werte gibt es in Seibersdorf zu bestaunen: BMW R 900 RR, HPN 1000 Gitterrohr, BMW P–D 1980 (Les Concessionaires BMW), HPN Sport 1150 Schwinge, Marlboro BMW P–D 1986 (von rechts)

Klaus Pepperl und Alfred Halbfeld von HPN mit der legendären Marlboro BMW P–D von 1986

BMW-Teambekleidung 1985

Alfred Halbfeld und die BMW
P–D 1986

Kontakt zu Michael Krauser entstand so die legendäre MKM 1000. Insgesamt wurden über 300 Stück dieser Fahrzeuge als Kit oder Komplettfahrzeuge gebaut und verkauft. Der spätere Motorsportleiter Dietmar Beinhauer errang mit einer aufgekauften Rennmaschine von Halbfeld/Zettelmeyer den letzten Straßen-Langstrecken-Sieg auf BMW in Interlagos (Brasilien).

Im Oktober 1980 entschied BMW München unter dem Druck von BMW France, sich für die Rallye Dakar zu engagieren. Dietmar Beinhauer beauftragte die Seibersdorfer, für die Paris-Dakar-Rallye 1981 Werksmaschinen zu bauen. Auf der ersten offiziellen BMW Rallye-HPN fuhr Hubert Auriol auf Anhieb den ersten BMW-Sieg ein.

Bis heute lebt die Firma HPN unter anderem vom Ruf der legendären Marlboro-HPN-BMW, die Mitte der 80er-Jahre im Rallye-Sport eingesetzt wurde – marketingtechnisch die wohl größte Erfolgsstory für die Edel-Motorradschmiede. Für die HPN-Firmeneigner Klaus Pepperl und Alfred Halbfeld sind die bei der Dakar 1981 eingesetzten HPN-Rallye-BMW für die Firmengeschichte aber mindestens genau so wichtig wie die spektakulären rot-weißen Marlboro-Renner, da sie den werksseitigen Einstieg von BMW München ins Rallye-Geschehen repräsentieren – und für HPN der Startpunkt einer beispiellosen Firmenhistorie sind. Der Erfolg von BMW und HPN war nicht aufzuhalten. Auch bei den Boxer-GS der letzten zirka 15 Jahre war HPN in die Fahrzeugentwicklung involviert.

Klaus Pepperl mit Paris-Dakar-Fan-Artikeln, in der Hand eine P–D Bild-Schallplatte von 1985

Eine technische Entwicklung von HPN: Die sensationelle BMW HP2 Enduro, für die HPN auch Zubehör (beispielsweise einen großen Tank) anbietet.

Immer noch unschlagbar, wenn es um Fernreisen geht: robuste 2-Ventiler HPN Rallyesport

Neben der Entwicklung der 4-Ventil-Rallye-Boxer R 900 RR 2000/2001, die auf den R 1100/1150 GS basierten, wurden zu dieser Zeit von HPN für BMW bereits parallel leichte (200 Kilogramm) und geländegängige Versuchsträger gebaut. Bei BMW hatte man sich schon seit Längerem darüber Gedanken gemacht, ob ein leichter

Einfach nur schön: die leichte HPN Sport

Gelände-Boxer nicht auch als Serienfahrzeug auf dem Markt funktionieren könnte. Allerdings kam BMW mit der überarbeiteten R 1150 GS in ein so spätes Produktionsfenster, dass eine leichte Boxer-GS auf Basis dieser Maschine mit der späteren R 1200 GS (2004) kollidiert wäre. Und so entschloss man sich bei BMW für die Entwicklung einer Serien-Leichtbau-GS, aber auf Basis des neuen 1.200-Kubikzentimeter-Motors. Dieses Projekt übertrug man zur technischen Entwicklung HPN. Alle Prototypen und Entwicklungsfahrzeuge kamen von HPN – auf Basis des BMW-Boxers und unter Berücksichtigung der Vorgaben aus dem BMW-Lastenheft. Nachdem der Rahmen und das Fahrwerk fertig waren, wurden die Maschinen bei BMW der Serienentwicklung zugeführt. Die High-Performance BMW HP 2 Enduro erschien im Jahr 2005 auf dem Markt. Bei Geländesport-Veranstaltungen wie German Cross Country, Baja-Einsätze und Pikes Peak-Rennen wurde HPN durch den Aufbau der Werks-BMW Motorradsport-Einsatzfahrzeuge mit eingebunden. Produkt-Entwicklungen, wie der 23-Liter-Tank für die HP 2 Enduro stammen aus dieser Rallye-Entwicklung und sind heute für jeden Kunden zu kaufen.

Geht es darum, dass private Kunden sich Rallye-HPN aufbauen lassen wollen, dann wird in den meisten Fällen die HPN Replika von 1988 geordert. Die HPN Rallyesport ist mit ihren verbauten Komponenten wie dem großen Tank und der Halbschalen-Verkleidung bestens für alle Touren und Rallye-Veranstaltungen geeignet. Vorbild ist hier das Fahrzeug mit dem Eddy Hau 1988 mit dem Gesamtrang 12 bei der Rallye Paris-Dakar die Marathon-Wertung gewann.

Es gibt auch Kunden, die eine Marlboro-HPN als zulassungsfähige Replika wünschen. Zwar taucht im Zuge dieser Aufträge regelmäßig die Frage nach der Verkäuflichkeit der Originale auf, diese muss von HPN jedoch immer verneint werden. Die Werksmaschinen können jedoch auch heute noch auf Wunsch 1:1 nachgebaut werden. Die Kosten tendieren dann allerdings in den sechsstelligen Bereich und das Fahrzeug ist für den öffentlichen Straßenverkehr regulär nicht zulassungsfähig. Allein die originale Rallye-Auspuffanlage würde jeden TÜV-Prüfer taub werden lassen. Hinzu kommt ein Tank und viele weitere Komponenten, die nicht TÜV-konform sind. Bringt man ein Grundfahrzeug mit, so verringern sich die Kosten dramatisch. Was allerdings nicht heißt, dass es ein billiger Spaß ist. Für eine 1985er-Gaston-Rahier-HPN Replika (zulassungsfähig) muss man zu den Fahrzeugkosten zirka 30.000 Euro für den Umbau inklusive Lackierung kalkulieren. Der Zeitrahmen, bis man seinen privaten Rallye-Renner übernehmen darf, beträgt sechs bis zwölf Monate.

Cyril Despres im Wüsteneinsatz mit seiner BMW R 900 RR. Das Fahrzeug steht heute in Seibersdorf bei HPN.

Jimmy Lewis und Nani Roma ließen im Jahr 2000 die BMW R 900 RR durch die Dünen fliegen.

Dass in Seibersdorf originale Werksmaschinen aus den 80er- und 2000er-Jahren stehen, stellt auch heute noch eine absolute Ausnahme dar und verdeutlicht das sehr vertrauensvolle Verhältnis zwischen BMW und HPN. Diese Einsatzfahrzeuge waren häufig Eigentum von BMW Motorrad und HPN erhielt die Möglichkeit, einige Fahrzeuge zu erwerben. HPN stellte sicher, dass diese Fahrzeuge nur zu Demonstrationsläufen als Museumsfahrzeuge benutzt werden. Nur unter diesen Vorgaben war es HPN möglich, auch die 900 RR der Rallye-Jahre 2000/2001 zu erwerben.

Das HPN-Tagesgeschäft in der heutigen Zeit stellt eine Mischung aus BMW-Aufträgen (Prototypenbau, Test und Erprobung von Fahrzeugteilen) und privatem Endkun-dengeschäft dar. Als Privatkunde hat man zwei Möglichkeiten, bei HPN ein Motorrad in Auftrag zu geben. Entweder man hat bereits eine 2-Ventil-GS (R 80 G/S) und lässt diese umbauen oder man erwirbt eine bei HPN, da die Seibersdorfer auch ein beim KBA eingetragener Fahrzeughersteller sind. Trotz der teilweise im positiven Sinne vorhandenen Glorifizierung der Rallye-Geschosse der Firma HPN bestellt der überwiegende Teil der Kundschaft keine Ausstellungsmaschinen, sondern Fahrzeuge, die dann im Alltag und auf mehr oder weniger großen Reisen eingesetzt werden.

HPN entwickelt auch heute noch auf Basis der 2-Ventil-Boxer-GS neue Fahrzeuge. Diese werden jahrelang getestet und in Abstimmung mit den Zulieferern mit den allerbesten Teilen ausgerüstet. Speziell im Bereich der Fahrwerksentwicklung und des Motortunings ist HPN in der Lage, auch mit der vermeintlich veralteten Technik Fahrzeuge zu bauen, die im Alltagsbetrieb zu heutigen Neufahrzeugen absolut konkurrenzfähig sind – wenn nicht sogar teilweise überlegen.

Um dies zu erreichen, kombiniert HPN alte und neue Fahrzeugteile miteinander. So werden beispielsweise modernste Fahrwerke und Paralever der 4-Ventil-Generation (R 1100/1150 GS) mit den Rahmen und dem Motor der 2-Ventiler verbunden. Das Hauptaugenmerk wird auf ausreichende Leistung, die aus den alten Boxern mobilisiert wird, und auf ein sehr geringes Fahrzeuggewicht gelegt. Mit dieser Mischung wird eine eventuell vorhandene Mehrleistung einer neuen Maschine im normalen Straßenverkehr (abgesehen von Autobahn-Vollgasfahrten) kompensiert.

Heute arbeiten (mit Teilzeitkräften) fünf Personen bei HPN. Zu Rallye-Hochzeiten waren es zirka 20 Mann, zu denen allerdings auch freie Mitarbeiter zählten. Das Rallye-Engagement ist mit dem Rückzug von BMW von der Dakar erloschen. Zudem erlaubt es das Reglement der Dakar-Rallye nicht mehr, dass große Zweizylinder teilnehmen. Mit den 450-Kubikzentimeter-Maschinen kann man sich in Seibersdorf nicht identifizieren. Für Privatkunden, die bei anderen Geländesport-Veranstaltungen teilnehmen, werden immer noch Einsatzfahrzeuge gebaut. Wobei sich heute das Privatkundengeschäft auf robuste, leichte und leistungsstarke Reise-Fahrzeuge verlagert hat.

Hierbei fühlt sich Alfred Halbfeld immer noch am wohlsten: in der HPN-Werkstatt beim Schrauben

BMW
Group Archiv

Vorserienmodelle, Prototypen, Rallye-
maschinen und herausragende Serien-
modelle – sie alle finden sich im BMW
Group Archiv

Der Eingang zu BMW Group Classic und zum Group Archiv ist mit wechselnden Exponaten versehen.

Zukunft hat Herkunft

Im Group Archiv werden alle historischen PKW und Motorrad-Informationen gesammelt und archiviert. So bleiben diese wertvollen Materialien nicht nur der Nachwelt erhalten, sondern werden auch regelmäßig in Ausstellungen und auf Veranstaltungen präsentiert.

Jedoch zählt nicht nur das Sammeln und Präsentieren von Material zu den Aufgaben des Archivs, sondern auch die Aufarbeitung und Bereitstellung der Information für Anfragen aus dem Bereich der Presse, von Firmen und auch Privatleuten. Das historische Archivsystem bietet die Möglichkeit, online die Dokumente und das Bildmaterial des Archivs zu recherchieren und gegebenenfalls, zum Beispiel für Pressezwecke, zu ordern. Insbesondere die Digitalisierung des historischen Materials zählt mit zu den Kernaufgaben der Abteilung, um sie so in der heutigen, modernen Medienwelt und Marketinglandschaft wirtschaftlich sinnvoll nutzbar zu machen. Letzten Endes darf nicht außer Acht gelassen werden, dass auch dieser Unternehmensbereich, bei aller Liebhaberei, einer soliden Finanzierung bedarf.

Der Gesamtbestand des Archivmaterials ist beachtlich. Es existieren 80.000 Bildmotive insgesamt, wovon 30.000 online abrufbar sind (Stand 09/2010). Allerdings gibt es im Bestand auch reichlich Bildmaterial, welches historisch als sehr interessant und wertvoll betrachtet werden darf, dessen Besitz- und Rechteverhältnisse aber völlig unklar sind. Diese Bilder werden zwar archiviert, aber tauchen nicht öffentlich im Zuge einer Vermarktung auf.

Das BMW Group Archiv arbeitet unter dem gemeinsamen Dach der BMW Group Classic eng mit der „benachbarten" Fachabteilung BMW Museum zusammen. Hier finden regelmäßig Sonderausstellungen zu gegebenen Anlässen mit interessanten Exponaten (aus dem Bereich PKW und Motorrad) statt. Bestes Beispiel ist hierfür die Sonderausstellung „30 Jahre GS" mit ausgestellten Fahrzeugen der einzelnen Modellbaureihen über die gesamte Bauzeit hinweg. Einer der Höhepunkte dieser Ausstellung war sicher die letzte 2-Venil-Boxer-GS in Form der R 80 GS Basic.

Das Group Archiv darf man allgemein als Input-Geber für die Abteilungen der Group Classic bezeichnen. Immer wenn es darum geht, Projekte und Veranstaltungen mit

Die letzte 2-Ventil-Boxer-GS und die letzte gebaute R 80 GS Basic mit der Fahrgestellnummer 0267503 in einer Sonderausstellung im BMW Museum

Leben (in dem Fall meist mit Exponaten) zu füllen und Material zu historischen Vorgängen zu liefern, ist das Archiv zuständig. So beispielsweise auch als Informationslieferant für das hauseigene Magazin BMW Classic live. Ein gutes Beispiel hierfür ist die Ausgabe zum Thema „30 Jahre GS", zu der die Archivmitarbeiter Artikel über bestimmte Ereignisse und historische Vorgänge beisteuerten. So untermauert das Archiv zusammen mit dem Museum den Slogan „Zukunft hat Herkunft".

Zirka 30 Motorräder sind bei der BMW Group Classic ständig im Portfolio, um im Museum oder bei Ausstellungen und Veranstaltungen gezeigt zu werden. Die Bandbreite reicht von einem Vorserienmodell der R 80 G/S für die Präsentation im September 1980 in Avingon über eine R 80 G/S Paris-Dakar bis zu den Siegermaschinen der Rallye Paris-Dakar von 1983 und 1985. Hinzu kommt „Olga", die R 80 G/S von Helge Pedersen, eine R 100 GS nach

Mit „Olga" fuhr der Globetrotter Helge Pedersen zehn Jahre um die Welt. Sie steht heute in der Sammlung von BMW Classic.

Rallye-Historie hautnah erleben: Paris-Dakar-Siegermaschinen von 1981 (R 80 GS/Hubert Auriol) und 2000 (F 650 RR/Richard Sainct)

Ein Querschnitt der wichtigsten Motorräder, präsentiert an der Wand im BMW Museum

dem Facelift 1990, eine R 1100 GS im perfekten Zustand sowie eine R 1150 GS und Adventure (Stand 09/2010).

Unter der Berücksichtigung, dass BMW in erster Linie ein Automobilkonzern ist, ist der Bestand an 40 Motorrad-Exponaten im neuen Museum (zu 62 Autos, Stand 09/2010) ein beachtlicher Erfolg der engagierten Archiv-Mitarbeiter.

Die Frage nach den wertvollsten Fahrzeugen im Group Archiv beantworten die Mitarbeiter im Herbst 2010 mit der RS 500 von Georg „Schorsch" Meier. Mit der Startnummer 49 konnte er damit die Isle of Man Senior Tourist Trophy im Jahr 1939 gewinnen. Dann folgt eine R 67/2, der Prototyp BMW R 1 (Boxer mit desmodromisch gesteuertem Ventiltrieb) und eine BMW R 7. Die Frage nach dem wichtigsten Modell der BMW-Geschichte erhitzt die Gemüter nach wie vor. Hierbei gilt es zu unterscheiden zwischen der Historie – so gäbe es BMW Motor-

rad ohne verschiedene Modelle zur richtigen Zeit gar nicht mehr – und der aktuellen Modellpalette, die den Erfolg der Marke heute und für die Zukunft absichert. Und so kann man zu dem Konsens kommen, dass eine BMW R 62 aus den 30er-Jahren genauso wichtig ist wie eine aktuelle BMW S 1000 RR von 2010. Geht es darum, ein Modell herauszustellen, so ist es mit Sicherheit die R 80 G/S, denn ohne dieses Fahrzeug gäbe es die Marke BMW Motorrad heute nicht mehr.

Dieses Fahrzeug war nicht nur als Modell erfolgreich, sondern hat das neue Marktsegment der Reiseenduros gegründet. Ein Bereich, der bis heute weltweit Zuwachsraten verzeichnen kann, was speziell auf dem Motorradsektor nicht selbstverständlich ist. Dies führt auf dem Markt heute dazu, dass sich die Preisspirale für R 80 G/S – insbesondere unter dem Aspekt des 30-Jahre-Jubiläums – rasant nach oben bewegt. Für normal gebrauchte Maschinen

Die Mitarbeiter des Archivs verschließen sich durchaus nicht der Moderne und finden auch den Supersportler S 1000 RR faszinierend.

werden nicht selten die damaligen Neupreise in Euro umgerechnet verlangt und auch bezahlt. Für Fahrzeuge in sehr gutem bis perfektem Zustand oder mit einer interessanten Geschichte wird der Neupreis tatsächlich 1:1 umgerechnet oder es wird sogar mehr bezahlt, womit der Preis langsam, aber sicher in fünfstellige Regionen wandert.

Aber auch den Neuentwicklungen aus dem Hause BMW wie der S 1000 RR stehen Abteilungen wie das Group Archiv durchaus positiv gegenüber. Hier wird das Innovative der Marke deutlich gezeigt und sie steht auch historisch, speziell im Zeitraum vor 1970, in einem guten Kontext, da sich BMW schon damals gerne sportlich präsentiert hat. Dies wird die Modellpalette der künftigen

Archiv-Ausstellungen in den nächsten Jahrzehnten immer interessant bleiben lassen.

Und so schließt sich der Kreis aus Historie und Moderne: Eine tolle, innovative Entwicklung, eine ausgewogene Modellpalette, faszinierende Fahrzeuge im Zusammenspiel mit einer fantastischen Historie der Marke und Mitarbeiter, die das leben, was sie tagtäglich tun, etwas Besseres kann einem Hersteller wie BMW Motorrad nicht passieren.

Weitere Informationen über die BMW Group Classic und das Group Archiv sind online auf den Webseiten unter www.bmwclassic.com zu finden. Von hier gelangt man auch zum Archiv und zum BMW Museum.

Das wertvollste Motorrad der Sammlung: RS 500 mit Startnummer 49 von „Schorsch" Meier

Vorserienmodell (links) und
spätere Serien-R 100 GS

Die ersten BMW GS

Die allererste G/S bleibt bis auf Weiteres verschollen, einige Raritäten konnten aber de noch entdeckt werden.

Auf der Suche nach den ersten GS-Modellen

Im September 1980 wurde die BMW R 80 G/S der internationalen Presse in Avignon vorgestellt. Hierfür wurden 25 Vorserienfahrzeuge produziert. Diese tragen die Fahrgestellnummern 6250001 bis 6250025. Nach der Präsentation und der späteren Durchführung von Testfahrten für Fachzeitschriften wurden diese Fahrzeuge, der damals üblichen Praxis folgend, BMW-Mitarbeitern zum Kauf angeboten.

Die Vorserienfahrzeuge Anfang der 80er-Jahre unterschieden sich ganz erheblich von den modernen Versuchsträgern heute, die Prototypenstatus haben und die nach einer Präsentation fast immer komplett verschrottet werden. Damals wurden an den Präsentationsfahrzeugen die gleichen Teile verbaut, wie sie später in der Serie verwendet wurden. Nur waren diese von Hand gefertigte Ein-

zelstücke. In der Serie wurden später Teile von Zulieferern verwendet. Dies ließ zwar keinerlei Rückschlüsse auf die Haltbarkeit zu, doch passten die späteren Serienteile ohne Probleme an die Motorräder und konnten im Zuge von Reparaturen oder Servicearbeiten ersetzen werden.

Der Zeitpunkt für die Motorradpräsentation im September 1980 war bewusst gewählt. Dies verschaffte BMW Motorrad genügend Zeit, um nach der offiziellen Vorstellung noch Verbesserungen und Modifikation in die weitere Fahrzeugentwicklung einfließen zu lassen. Daher sollte man zwischen diesen ersten 25 Fahrzeugen für die Pressevorstellung in Frankreich, der ersten Produktionscharge 1980 und den technisch ausgereifteren Maschinen der Produktionsserie ab 1981 unterscheiden. Da man im ersten Jahr nicht mit besonders großen Absatzzahlen rechnete, konzentrierte man sich auf das folgende Frühjahr. Das macht es Sammlern heute ziemlich schwer, eine BMW R 80 G/S mit einer Erstzulassung aus dem Jahr 1980 zu

R 80 G/S mit der Fahrgestellnummer 6250003 von Nikolas Parcharidis (Boxer Classics)

finden. Besonders dann, wenn es sich um eines der Vorserienfahrzeuge mit einer Erstzulassung im Juli 1980 handeln sollte. Ein solcher mobiler Schatz befindet sich heute in nahezu perfektem Zustand in Form der R 80 G/S mit der Produktionsnummer 15 im Bestand des BMW Group Archivs (siehe Abbildung Seite 128).

Die Geschichte der R 80 G/S Nr. 6250015 lässt sich anhand der vorhandenen Fahrzeugunterlagen nachvollziehen. Das Motorrad wurde am 17. Juli 1980 erstmals auf die BMW Motorrad GmbH zugelassen. Nach der Präsentation im September desselben Jahres verschwand es erst einmal in den BMW-Katakomben, um dann am 20. Juli

1981 in München auf den privaten Besitzer umgeschrieben zu werden. Am 11. Juli 1988 wurde das Fahrzeug dann nach zahlreichen An- und Abmeldungen über den Winter

Ganz links: Für G/S-Liebhaber magische Zahlen, hier die Fahrgestellnummer 6250003

Links: Der Kfz-Brief der Vorserien BMW R 80 G/S mit der Nr. 3

Die Vorserien-R 80 G/S mit der Fahrgestellnummer 6250007 von Christian Geissler

letztmalig vom Besitzer mit 18.227 Kilometern stillgelegt. Zu einem späteren, leider nicht näher bekannten Zeitpunkt ging das Fahrzeug in den Besitz von Klaus Breuer und seinen Zweirad-Oldtimer-Service im bayerischen Himmelkron-Lanzendorf über. Dieser erkannte die Bedeutung des Fahrzeugs und bot dem Archiv im Januar 2008 einen Rückkauf an. Am 7. März 2008 war es dann soweit: Die Nr. 15 kam wieder in den Besitz von BMW zurück.

Die Mitarbeiter der Group Classic mussten dem Fahrzeug nur minimale Ausbesserungsarbeiten zukommen lassen, da der Allgemeinzustand absolut hervorragend war. Und so wandert die R 80 G/S nun seit 2008 über zahlreiche Ausstellungen (unter anderem im BMW Museum und bei den BMW Motorrad Days in Garmisch-Partenkirchen) und begeistert die GS-Fans.

Auf der Suche nach weiteren Fahrzeugen aus diesem Vorserienpool landet man zwangsläufig irgendwann in dem kleinen Ort Markt Schwaben, östlich von München. Hier ist Nikolas Parcharidis von Boxer Classics stolzer Besitzer der R 80 G/S mit der Fahrgestellnummer 6250003, also die gebaute Nr. 3 der 25 Vorserienfahrzeuge (siehe Abbildung Seite 129).

Der Zustand des Fahrzeugs im Herbst 2010 ist aber alles andere als gut. Nikolas Parcharidis hat den Rahmen mit dem wichtigen Typenschild gekauft. Dazu gab es Dutzende Kisten voller Teile, die allerdings überwiegend nicht original sind. „Wenn ich mal viel Zeit habe, werde ich die Nr. 3 originalgetreu wieder aufbauen", so Parcharidis.

Die Suche nach der ersten R 80 G/S (oder R 80/100 GS) blieb im Zuge dieser Buchrecherche erfolglos. Mit der R 80 G/S Nr. 3, der Nr. 7, die sich in München im Privatbesitz befindet (siehe Abbildung oben) und der Nr. 15 aus dem BMW Archiv, respektive der Nr. 30 der Paralever-Generation, sind aber doch sehr interessante Details zu den einzelnen Modellen zutage gekommen.

Eine echte Nr. 1 ist dann doch noch aufgetaucht. Die Fahrgestellnummer 6125001 und somit die erste BMW R 65 GS steht derzeit ebenfalls in Markt Schwaben. Dieses Fahrzeug wurde von 1987 bis 1992 gebaut und trug den kleinen 650-ccm-Boxer-Motor im Chassis der R 80 G/S, also ebenfalls ein Motorrad mit historischer Bedeutung. Zumal die gebaute Stückzahl mit 1.727 Einheiten hier sehr gering ausfiel.

Der Hype um die Fahrgestellnummern und deren Bedeutsamkeit für die Marktsituation der GS-Modelle wird in den nächsten Jahren mit Sicherheit zunehmen und speziell in Liebhaberkreisen weiter zu steigenden Preisen für diese besonderen Vorserien-/Erstserien-Exemplare führen, soweit sie überhaupt gehandelt werden. Bei den Baujahren ab 1981 aufwärts scheint im Zuge der „30 Jahre GS"-Hysterie langsam das Ende der Preisspirale nach oben erreicht. Denn hier wurden im Jubiläumsjahr 2010 für noch nicht mal besonders originale Fahrzeuge horrende Fantasiepreise aufgerufen. Zu beobachten ist, dass die Preise für gut erhaltene Paralever-GS (hier speziell für die R 100 GS Paris-Dakar Classic und für die R 80 GS Basic) deutlich steigen. Bleibt abzuwarten, ob die Monolever-GS Nr. 1 irgendwann doch noch auftaucht oder ob sie unerkannt in einer Scheune einen Dornröschenschlaf hält.

Die Besonderheiten der Vor- und Erstserien

An der Vorserien-G/S von Nikolas Parcharidis lassen sich trotz des mangelhaften Zustandes gut die Unterschiede zur späteren Serie erkennen. Wobei beachtenswert erscheint, dass nicht sämtliche Vorserienmerkmale mit dem Beginn des Serienbaus verschwanden, sondern je nach Verfügbarkeit von Bauteilen nach und nach in die Serie einflossen. Dennoch lässt sich ein Fahrzeug der Vor-/Erstserie (erste Produktionscharge 1980) recht einfach von den späteren Modellen unterscheiden.

Besonders deutlich treten diese Besonderheiten an der damals neuen Monolever-Schwinge und am Kardangehäuse auf (siehe Abbildungen Seite 132 f.). Die Öffnung für die Achse der Zweiarmschwingen-Modelle (wie R 100), von der das Gehäuse entliehen war, trug anfangs noch eine schlichte Aluabdeckung, um die Achsbohrung zu verdecken. Dieser Zierdeckel verschwand dann später wieder. An der R 80 G/S wurde das hintere Rad nicht

Die erste BMW R 65 GS wartet in desolatem Zustand auf ihre Restaurierung.

durch eine herkömmliche Achse gehalten, sondern direkt per Verschraubung an den Kardan geflanscht.

In der Nähe der Radschrauben fällt außerdem auf, dass die ersten Modelle noch eine Bohröffnung zur Abführung des Bremsstaubs der Trommelbremse aufwiesen, in der

Links: Vor-/Erstserie mit Aluabdeckung für die Achsbohrung. Rechts: die geschlossene Serienversion der späteren Baujahre

späteren Serie waren es drei, um die Ableitung zu verbessern. Diese wurden von Gummistopfen abgedeckt.

Die Auspuffanlagen wiesen im Bereich der Halter ebenfalls geringfügige Modifikation auf, die auf die Vor-/Erstserie schließen lassen (s. S. 134).

Die rote Sitzbank der Vor-/Erstserie wies überdies keine Ziernähe auf und war nur leicht oberflächenstrukturiert (s. S. 135). Später kamen verschiedene Abstufungen an Ziernähten je nach Baujahr.

Zur Verdeutlichung: Links und rechts verbaute Zweiarmschwinge mit Achse und Achsmutter. Oben: die gegossene Monolever-Schwinge mit angedeuteter Achsbohrung

Ebenfalls ein Hinweis auf eine frühe Produktionschargе ist die schmale Schalthebelaufnahme (s. S. 135). Bei späteren Baujahren wurde dies als Schwachstelle erkannt und eine breitere Aufnahme verwendet.

In Markt Schwaben trifft man auch Robert Kieninger, der bis September 2010 ebenfalls ein hochinteressantes Fahrzeug in seinem Besitz hatte. Als die Ära der R 80 G/S 1987 zu Ende ging, präsentierte BMW mit der R 80 GS und R 100 GS die sogenannte Paralever-GS-Modellreihe. Auch hier wurden Vorserienfahrzeuge für die Pressevorstellung aufgebaut. Da es sich um zwei neue Nachfolgemodelle handelte, baute man gleich 60 Fahrzeuge, die noch nicht ganz den späteren Serienfahrzeugen entsprachen. Die R 100 G/S (so hieß dieses Vorserienfahrzeug laut Typenschild noch) mit der Fahrgestellnummer 6276030 (s. Abbildung Seite 136) wurde im Juni 1987 produziert, um sie Ende 1987 in der Toskana der Presse vorstellen zu können. Auch bei diesen neuen R 80/100 GS kam es zu Überschneidungen von verwendeten Bauteilen, je nach Produktionszeitpunkt und Verfügbarkeit. So gab es tatsächliche Vorserienfahrzeuge und Fahrzeuge der Erstserien, bei denen Modifikationen und Produktverbesserungen langsam in die Serie einflossen. Übrigens eine bis heute gängige Praxis.

Diese R 100 G/S wurde am 24. Juli 1987 als BMW-Vorserienfahrzeug erstmals zugelassen. Einige Zeit nach der Präsentation, am 21. April 1989, wurde das Fahrzeug auf einen Pressefotografen in München umgeschrieben. Dieser verkaufte es weiter nach Zell am Harmersbach

(Nähe Offenburg), wo es am 22. März 1990 wieder zugelassen wurde. Der letzte Besitzer kam aus demselben Ort und ließ die Boxer-GS am 16. Juni 1994 beim Landratsamt Ortenaukreis erneut zu. Am 16. November 2004 erfolgte die letztmalige Stilllegung. Dann fand das Fahrzeug

Bild oben: Vor-/Erstserie mit nur einer Bohröffnung zur Abführung des Bremsstaubs der Trommelbremse

Bild links: spätere Serie mit drei Bohrungen

Bild rechts: mit Gummiabdeckungen

Schalldämpfer-Befestigung
der Vor-/Erstserie

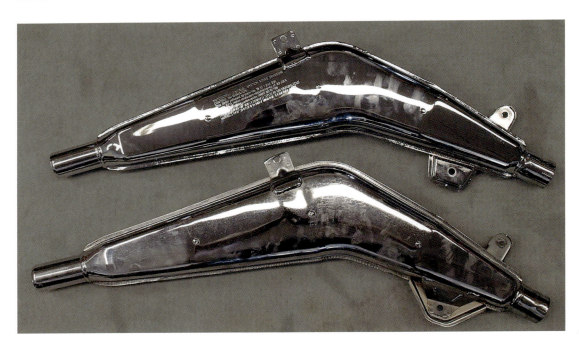

Schalldämpfer der späteren
Serie

den Weg nach Bayern zu Robert Kieninger und wurde seinem glücklichen Eigner im September 2010 übergeben.

Bei den ersten Paralever-GS sind deutliche Unterschiede zwischen Vor-/Erstserie und den späteren Serienfahrzeugen erkennbar. Als Erstes fallen die Ölkühler auf dem

rechten Zylinderschutzbügel auf, die anfangs mit Schnellverschlüssen befestigt waren. Die allerersten Fahrzeuge in der Erprobung, sprich unmittelbar vor der Pressevorstellung, besaßen überhaupt keine Ölkühler. Doch nachdem thermische Probleme bei den großen Boxern auftraten,

R 80 G/S-Sitzbank der Vor-/
Erstserie ohne Ziernähte

beschloss man kurz vor der Weltpremiere welche zu montieren (s. Abb. Seite 136). In der späteren Serie wurden die Schnellverschlüsse von festen Haltern ersetzt.

Die Vor-/Erstserienmodelle der R 100 GS wiesen noch ein ganz besonderes Merkmal auf. Schaut man auf das Typenschild dieser Fahrzeuge, stellt man fest, dass es sich um R 100 G/S handelt. Das heißt, dass man anfänglich die alten Rahmen der R 80 G/S verwendete, da die Fahrzeugrahmen der neuen Paralever-Modelle bei der Premiere vermutlich noch nicht fertiggestellt waren (s. Abb. Seite 137).

Gut zu erkennen ist dies auch an den mit einer Aluabdeckung verstärkten Lenkanschlägen. Die Anschläge der späteren Serienrahmen waren genauso breit wie die vorherigen mit Verstärkung. Diese dienten schon bei der G/S dazu, dass der Lenkeinschlag sich soweit verringerte, dass die Blinker nicht an den Paris-Dakar-Tank stoßen konnten (s. Abb. Seite 137). Wichtig war dies auch bei der R 80 GS Basic, die man ebenfalls mit dem großen Tank (in Südafrika als Kalahari-Modell serienmäßig) ausstatten konnte.

Eine der auffälligsten Änderungen und Modifikationen betraf das Kardangehäuse. Hier hatte man anfangs geplant, einen Schmiernippel einzubauen. Jedoch verwarf man dieses „Feature" wieder und zurück blieb eine Blindschraube in einer Bohrung oberhalb vom Kardangelenk. Bei der erste Charge der Serienfahrzeuge kann man die Erhebung dieses vorgesehenen Schmiernippels noch sehr gut erkennen, allerdings fehlt die Bohrung (s. Abb. Seite 138).

Später besaßen die Paralever-Gehäuse an dieser Stelle wieder eine komplett glatte Oberfläche.

Es gibt noch weitere interessante Hinweise auf die Vorserie: So sind die hinteren Kotflügel mit zwei Einkerbun-

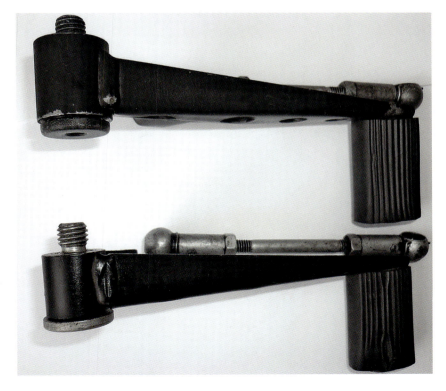

Schmale Schalthebelaufnahme der ersten Baujahre (unten), oben die deutlich breitere und stabilere Version

Die R 100 G/S Nr. 30 von 60
Exemplaren der Präsenta-
tions-Vorserien-Paralever-GS

gen am Batteriekasten eingehängt. In der Serie gab es saubere Bohrungen mit Gummiringen, die durch angefertigte Laschen gehalten wurden (s. Abb. Seite 138).

Im Bereich der Batterie fällt außerdem auf, dass die DIN-Stromsteckdose (oder deren Vorbereitung) sich anfangs auf der rechten Seite hinter dem Batteriekasten be

funden hatte (so wie es auch bei den späten Baujahren der BMW R 80 G/S als Sonderausstattung erhältlich war) und später auf die linke Seite unterhalb des Batteriekastens wanderte (s. Abb. Seite 139, Mitte).

Die Bremsscheibe der Erstmodelle besaß zudem einen abgesetzten Ring, der in der Serie gänzlich verschwunden

Deutlich zu erkennen: die
Schnellverschlüsse am Ölkühler der Vor-/Erstserie
und rechts die spätere
Version mit festen Haltern

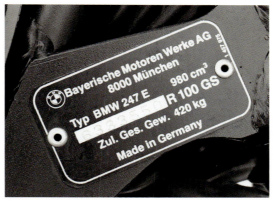

Links: Typenschild der Paralever-Vorserie R 100 G/S, daneben die spätere Serienversion als R 100 GS

war (s. Abb. Seite 139 unten). Es gibt also viele Ansatzpunkte, woran man Fahrzeuge der ersten 60 produzierten Exemplare und der Erstserie erkennen kann, ohne überhaupt in die Fahrzeugpapiere schauen zu müssen.

Der besondere Wert einer Vorserienmaschine, sei es nun eine G/S oder GS, ist sehr individuell. Sicher spielt hier die persönliche Haltung des GS-Fans eine große Rolle. Fakt ist jedoch, dass speziell diese (Vorserien-)Fahrzeuge des jeweils ersten Baujahres hohe Preise erzielen. Und diese Situation war besonders im 30-Jahre-GS-Jubiläumsjahr auf dem GS-Markt zu spüren. Wen es als GS-Eigner persönlich interessiert, wann sein Fahrzeug produziert (nicht erstzugelassen) wurde, dem bietet das Internet sogenannte Vehicle-Identification-Number-Decoder (VIN-Decoder). Hier gibt man die Fahrgestellnummer ein und erhält interessante Basisinformationen zu dem Fahrzeug.

Mitte: mit Aluabdeckung verbreiterter Lenkanschlag der Vorserien R 100 G/S

Ganz links: der Serien-Lenkanschlag der R 80/100 GS

Links: der breite Lenkanschlag der R 80 GS Basic

Rechts: Vorserie mit Schmier-
nippel-Öffnung auf dem
Kardangehäuse

Ganz rechts: Die Erhebung der
geschlossenen Öffnung ist in
der ersten Serie noch zu erkennen.

Bild Mitte: Kardangehäuse,
glatt gegossen

Rechts: provisorische Vor-
serien-Befestigung des hinteren Kotflügels

Ganz rechts: Bohrung mit
Gummipuffer in der späteren
Serie

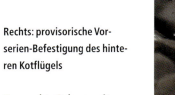

Bild oben: Links die Vorserien-R 100 GS mit der Nr. 30, rechts eine spätere Serien-R 100 GS mit der Nr. 3550

Ganz links: DIN-Steckdose auf der rechten Seite (Vor-/Erstserie wie bei späten R 80 G/S)

Links: Serien-Paralever-Anbringung der Steckdosenhalterung unterhalb des Batteriekastens

Ganz links: Vor-/Erstserie mit abgesetztem Ring auf der Bremsscheibe

Links: Serienbremsscheibe ohne Metallring

Der weltbekannte Fotograf
Michael Martin 1997 auf einer
GS im Erg Ubari (Libyen)

Reisen mit der G/S und GS

Vor allem die alten 2-Ventiler sind
wegen ihrer einfachen Technik
für Fernreisen sehr gut geeignet.

Die Wüste ruft! Fast jeder GS-Fahrer träumt davon, eines Tages in der Wüste zu fahren.

Reisen mit 2-Ventiler-GS

Viele GS-Fahrer träumen von einer abenteuerlichen Fernreise mit ihrem Motorrad. Da spielt es kaum eine Rolle, ob es sich um Fahrer älterer Modelle handelt oder ob man auf einer R 1200 GS Adventure sitzt, die von BMW mit einer „eingebauten" Weltreisetauglichkeit beworben wird.

Sicher muss man auch in den Vorbereitungen unterscheiden zwischen einer „normalen" Urlaubsreise und einer echten Fernreise, die sich über Monate erstrecken kann. Fakt ist, dass sich besonders die alten 2-Ventil-Boxer-GS mit ihrer simplen Technik für Fernreisen, beispielsweise nach Afrika, Asien oder Südamerika, sehr gut eignen. Sie sind immer noch eine gute Wahl für ausgedehnte Abenteuertrips, da sie sich auch unterwegs einfach reparieren lassen. Und wenn man die Schadensbehebung nicht selbst bewerkstelligen kann, dann ist jede Hinterhofwerkstatt mit einigermaßen begabtem Personal dazu in der Lage, eine GS der frühen Baujahre wieder instand zu setzen. Besonders die gute Zugänglichkeit der einzelnen Bauteile,

zum Beispiel der Elektrik, machen die GS-Modelle fernreisetauglich.

Doch die alte Technik hat natürlich auch ihre Tücken und somit bedarf es vor Reiseantritt einiger Vorbereitung. Einfach losfahren ist auch mit den alten Boxern nicht ratsam, wenn man nicht irgendwo unterwegs stranden will. Zwar gehen der Erfahrung vieler Reisender nach, meistens jene Teile kaputt, die man gerade nicht dabei hat, aber eine sorgfältige Vorbereitung kann dennoch nicht schaden. Als Spezialist und kompetenter Ratgeber in Sachen 2-Ventil-Reisevorbereitung darf Simon Bender von MTS-Motorradtechnik aus Landau (Pfalz) gelten, der schon viele Wüstenkilometer absolviert hat.

Die Motorräder

Wenn von den 2-Ventiler-GS allgemein gesprochen wird, dann sind grundsätzlich zwei Modellgenerationen von BMW GS gemeint. Zum einen die erste BMW R 80 G/S und die nachfolgende Generation BMW R 80/100 GS inklusive der letzten 2-Ventil-GS R 80 GS Basic.

Worin unterscheiden sich die beiden GS-Generationen?

Die erste R 80 G/S begründete das Segment der Reise-enduros auf dem Markt. Sie besitzt serienmäßig einen 19-Liter-Tank und einen 800-ccm-Boxer-Motor mit 50 PS Leistung. Das besondere Erkennungsmerkmal ist die Einarmschwinge, auch Monolever genannt. Das Fahrzeug wurde von 1980 bis 1987 gebaut.

Vom Nachfolgemodell gab es zwei Versionen. Es gab in direkter Folge die R 80 GS mit denselben Leistungsdaten und das stärkere Modell R 100 GS mit 1.000-ccm-Boxer-Motor und 60 PS Leistung. Gebaut wurden diese Fahrzeuge von 1988 bis 1994 (PD 1996). Neben dem größeren 24-Liter-Tank und dem (meist verbauten) Cockpit-Windschild ist der Paralever (Hinterradschwinge mit Momentabstützung) das beste Unterscheidungsmerkmal zum Vorgängermodell. Deshalb spricht man hier auch gerne von der Paralever-Generation im Unterschied zur Monolever-Generation. Nach zwei Jahren am Markt spendierte BMW den Modellen im Zuge einer Modellüberarbeitung 1990 eine feste Halbschalenverkleidung und ein Sekundärluftsystem (kurz SLS), um die Abgaswerte zu verbessern.

Von beiden Modellgenerationen Monolever und Paralever, wurde eine Paris-Dakar-Version gebaut. Bei der R 80 G/S handelte es sich anfangs um einen Kit, bestehend aus großem 32-Liter-Tank, Einzelsitzbank, „Soziusplatz"-Gepäckträger und einem verchromten Auspuff. Später konnte man das Modell fertig ab Werk ordern. Die spätere R 100 GS Paris-Dakar war ein optisch komplett eigenständiges Modell mit 35-Liter-Tank. Technisch unterschieden sich die Paris-Dakar-Modelle nicht von ihrem jeweiligen Basis-Modell.

Natürlich muss auch die letzte 2-Ventil-Boxer-GS, die R 80 GS Basic, als Fernreisefahrzeug gelten. Dieses Fahrzeug wurde als Hommage an die G/S mit der Technik der Paralever-GS von 1996 bis 1997 als letzte ihrer Gattung gebaut. Eine Paris-Dakar-Version gab es davon in Deutschland zwar offiziell nicht, aber in Südafrika wurde sie auch als R 80 GS Kalahari angeboten. Hier kam wieder der alte PD-Tank der G/S zum Einsatz, sodass viele Basic-Fahrer den großen Tank nachrüsteten.

Gibt es Unterschiede in der Reisetauglichkeit?

Grundsätzlich eignen sich beide Generationen der 2-Ventil-GS hervorragend für Fernreisen. Für den Modellwechsel hin zu den Paralever-Modellen R 80/100 GS hat BMW technische Modifikationen, sprich Verbesserungen, vorgenommen, die auch der Haltbarkeit der Bauteile auf Fernreisen dienen. So wurde die Kardanwelle stärker dimensioniert und mit zwei Kreuzgelenken ausgestattet. Was aber nicht bedeuten muss, dass diese nicht auch kaputtgehen kann. Geht es auf eine Fernreise, sollte man die Kardanwelle vorher unbedingt einer Kontrolle unterziehen. Hier ist nicht immer ein teures Neuteil für 500 Euro (ohne Einbau) nötig. Ist die Welle nicht zu sehr beschädigt, so lohnt sich auch eine Überholung des gebrauchten Bauteils (liegt

Bild oben: die Monolever-Schwinge der R 80 G/S

Bild unten: der Paralever der R 80/100 GS ab 1988

Paralever-R 100 GS Paris-Dakar mit 35-Liter-Tank (ohne Windschild), voll bepackt in der Wüste von Tunesien

in der Regel bei zirka 150 Euro zuzüglich Arbeitsaufwand). Im Bereich der maximalen Beladung der Fahrzeuge, sprich dem zulässigen Gesamtgewicht, hat sich mit dem Modellwechsel eine kleine Erhöhung ergeben. Für die R 80 G/S gilt maximal 398 Kilogramm, die R 80/100 GS dürfen 420 Kilogramm wiegen. Bei einem G/S-Leergewicht von 198 Kilogramm und einem GS-Gewicht von 210 Kilogramm, beträgt die jeweilige Zuladung beachtliche 200 und 210 Kilogramm. Hiervon ist natürlich noch der Fahrer mit seinem Eigengewicht abzuziehen.

Kardanwelle einer R 80 G/S mit nur einem Kreuzgelenk

Paralever-R 80/100 GS-Kardanwelle mit zwei Kreuzgelenken

Die Vorbereitungen für die Fernreise

Check aller Baugruppen und Teile / Inspektion

Grundsätzlich sollte sich das Motorrad in einem guten technischen Zustand befinden. Das heißt, dass der Motor vor dem Start der Tour eine gründliche Inspektion mit dem Wechsel aller Öle (Motor, Getriebe und Kardan) und der Bremsflüssigkeit erhalten haben sollte. Zu einer korrekten Motorgrundeinstellung gehört ein richtig eingestelltes Ventilspiel, eine gut funktionierende Zündung, ein Benzinfilter, der den Sprit in sauber eingestellte Vergaser weiterleitet, die ordentlich synchronisiert sind. Alle Dichtungen am Fahrzeug sollten einer Sichtprüfung unterzogen werden. Insbesondere alle Motordichtungen (hier sind die Zylinderkopfdichtungen besonders wichtig) und der Simmering am Getriebeausgang zur Kardanwelle sollten absolut dicht sein. Erneuert man die Bowdenzüge für Vergaser und Kupplung oder hat neuwertige eingebaut und deren Gängigkeit geprüft, kann man sich das Mitführen von Ersatzzügen in der Regel sparen.

Ein wirksames Mittel, um das Brechen von Radspeichen zu verhindern, ist das Fixieren mit Kabelbinder. Ganz

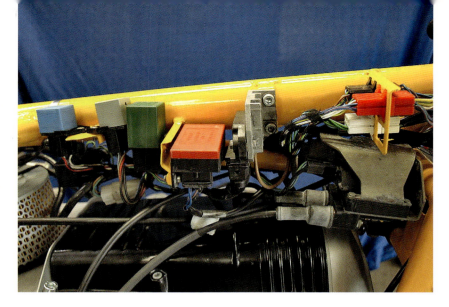

wichtig ist eine Kontrolle aller elementaren Schraubverbindungen am Fahrzeug. Die Achs- und Radschrauben, Rahmenheckverschraubungen, Gabelbrücke- und Lenkerschrauben, Gabelklemmschrauben sowie die Verschraubungen des Gepäcksystems sollten nach dem vorgeschriebenen Drehmoment fest angezogen sein. Zur Sicherheit kann man auch Schraubensicherung (mittel) verwenden und sogenannte Stoppmuttern (mit eingelassenem Sicherungsring) einsetzen. Als Hilfe für die tägliche Kontrolle unterwegs empfiehlt es sich, die wichtigen Schraubverbindungen (Bremssattel, Radmuttern) mit einem kleinen Farbtupfer zu markieren. Sowohl an der Schraube, als auch am festen Bauteil. So kann man eine beginnende Lockerung sofort mit einem Blick erkennen und muss nicht jedes Mal Werkzeug zur Prüfung ansetzen. Zu guter Letzt sollten natürlich alle Baugruppen noch einmal auf ihre einwandfreie Funktion getestet werden. Hierzu zählen zuerst die Bremsen, aber auch die Basisfunktionen wie die Lichtanlage und Blinker sollten korrekt funktionieren. Der Reifenluftdruck wird um 0.2 Bar erhöht und so dem Mehrgewicht auf dem Fahrzeug angepasst. In Sandpassagen senkt man diesen wieder, um die Auflagefläche zu erhöhen und somit die Traktion zu verbessern.

Schwachstellen-Optimierung

Bekannte Schwachstellen der 2-Ventil-GS (beider Generationen) sollten vor Reiseantritt behoben werden. Hierzu zählt in erster Linie eine Verbesserung des Fahrwerks. Die Original-Federn der Vorderradgabel sollten gegen progressiv gewickelte Exemplare ausgetauscht werden. Hinten ist jedes Zubehör-Federbein deutlich besser als das originale (meist entsprechen diese auch dem Fahrzeugalter), welches schon unter geringer Last zum Durchschlagen neigt. Hinzu kommt, dass man Zubehör-Federbeine individuell auf den Beladungszustand und die Fahrbahnbeschaffenheit einstellen kann. Die am Markt etablierten Marken können hier als Empfehlung gelten. Als weitere Maßnahme kann man die Montage von Stahlflex-Bremsleitungen in Erwägung ziehen. Diese dehnen sich auch unter großer Belastung nicht aus und verhindern so ein Wandern des Bremsdruckpunktes und ein vorzeitiges Nachlassen der Bremsleitung.

Das Motorrad vor Sturzfolgen schützen

Man sollte das Motorrad bestmöglich vor Beschädigungen schützen. Für die Zylinder gibt es spezielle Schutzbügel,

die verbaut werden können. Den Motor, explizit die Ölwanne muss man mit einer Motorschutzplatte schützen, damit ein Aufsetzen auf einem Felsbrocken möglichst ohne schlimme Folgen bleibt.

Ersatz- und Verschleißteile

Grundsätzlich gilt, dass alle Verschleißteile vor Reiseantritt erneuert werden oder sich in einem neuwertigen Zustand befinden sollten. Welche Ersatzteile man mitnimmt, steht in einer direkten Abhängigkeit zur Reisedauer und zur Reisegegend. Je länger die Reise dauert und je weiter sie weg führt, desto mehr Teile wird man mitführen müssen.

Die Elektrik ist sehr leicht zugänglich und lässt sich vor Reiseantritt einfach kontrollieren.

Das Fahrwerk sollte vor einer großen Reise mit schwerer Beladung auf jeden Fall optimiert werden.

Ob man Platine und Zünd-
spule mit in das Reisegepäck
aufnimmt, muss jeder selbst
entscheiden.

Lichtmaschinengenerator
(rechts) und Abdrückschraube
(unten) gehören zu den sinnvollen Ersatzteilen für die
Reise und nehmen auch nicht
viel Platz weg.

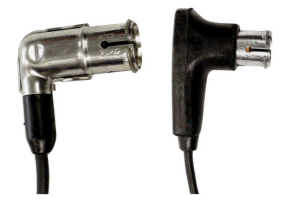

Dürfen auf keinen Fall fehlen: Ersatzzündkerzenstecker
(links R 80 G/S, rechts R 80/100 GS)

Unten: Vergaser-Dichtsätze sind im Gepäck gut unterzubringen
und können speziell nach tiefen Wasserdurchfahrten eine echte Hilfe sein. Links: montierter Vergaser einer R 80 G/S

Am häufigsten führen übrigens Fehler an der Elektrik zu Pannen auf Reisen. Daher sollte man den Lichtmaschinenrotor, die Platine, das Starterrelais, den Regler und die Zündspule vor Abfahrt auf ihre einwandfreie Funktion getestet haben. Ob man diese Teile auch in das Reisegepäck mit aufnimmt, hängt individuell von ihrem Zustand ab. Den Lichtmaschinengenerator (inklusive Abdrückschraube) kann man durchaus mitnehmen, da er nicht viel Platz braucht. Ein Muss im Gepäck sind auf jeden Fall die Zündkerzenstecker mit Kabel, Zündkerzen und Glühlampen als Ersatz. Viele alte GS besitzen noch den ersten Bosch-Anlasser. Diesen sollte man gegen einen Valeo-Anlasser tauschen.

Für den Motor empfehlen sich Ventildeckeldichtungen, ein Ventildeckel (idealerweise verschraubt am Alukoffer) und Aludichtringe aller Ablass- und Einfüllschrauben. Der Luftfilter sollte neu oder zumindest neuwertig sein. Es empfiehlt sich nicht, Teile wie Vergasermembrane oder eine Anlasserdichtung mitzunehmen. Ist der Zustand der Teile bedenklich, dann sind sie vor Reiseantritt gegen Neuteile auszutauschen. Eine Kork-Schwimmerkammerdichtung für den Vergaser kann nach einer Wasserdurchfahrt hilfreich sein. An diversen O-Ringen und einer Handvoll Ersatzschrauben für Fahrwerk und Gepäcksystembefestigung trägt man ebenfalls nicht schwer.

Ersatz-Bowdenzüge kann man sich meist sparen, wenn man diese kontrolliert hat und sie leichtgängig funktionieren. Ein neuer Bowdenzug hält ein halbes Motorradleben. Hier kann man für Notfälle auch zu Universalzügen mit Schraubnippel greifen. Fühlt man sich mit einer Reserve an Bord doch sicherer, dann empfiehlt sich ein Kupplungszug und ein Gaszug (sinnvollerweise dann den längeren der beiden). Auf jeden Fall sollte man eine Ersatzradspeiche samt Nippel mitnehmen.

Wie bei „Weitere Utensilien für den Notfall" (s. S. 150) aufgeführt, ist man zum Beispiel mit Teilen wie einem stabilen Draht und Klebeband oder Spanngurten in der Lage, ein gebrochenes Rahmenheck zu fixieren oder Alukoffer provisorisch zu befestigen. Ziel sollte es immer sein, alle Teile mitzuführen, die im Notfall das Weiterfahren ermöglichen – und sei es nur in das nächste Dorf.

Das Gepäcksystem

Als Gepäcksystem auf Fernreisen haben sich Alukoffersysteme vielfach bewährt. Sie sind Kunststoffkoffern in vielen Bereichen überlegen und bieten unschlagbare Vor-

teile. Als Erstes sei hier aufgeführt, dass sie sogenannte Toploader sind, sprich man kann sie von oben befüllen und auch unterwegs öffnen, ohne dass sich der Kofferinhalt auf den Boden entleert. Des Weiteren sind sie (meist)

Gut zu erkennen ist, wo Platine, Lichtmaschine und Generator unter der vorderen Abdeckung sitzen.

Optimal zur Gepäckunterbringung auf Extrem-Reisen sind Alukoffer. Daran lassen sich auch notwendige Ersatzteile, wie Ventildeckel oder Reservekanister, sehr gut befestigen.

Ein vollständiges, beziehungsweise sinnvoll ergänztes Reise-Bordwerkzeug ist absolute Pflicht.

wasserdicht und sehr stabil. Allerdings gibt es auch bei den Alukoffersystemen große Qualitätsunterschiede. Ein wichtiger Punkt ist die Robustheit des Trägersystems (Wandstärke des Materials) und die Qualität der Kofferbefestigung am Träger. Die Koffer sollten am besten absolut spielfrei am Träger sitzen. Hier sind vier Befestigungspunkte optimal. Vorhandenes Spiel in der Befestigung mag sich im Straßenbetrieb nur durch ein leichtes Wackeln der Koffer äußern, auf einer unebenen Schotterpiste vervielfachen sich die Kräfte und es kann zu einem Bruch der Kofferaufnahme führen. Um dies unterwegs zu reparieren, benötigt man meist ein Schweißgerät und das ist nicht überall verfügbar. Deshalb sollte man bei der Wahl und dem Kauf von

Alukoffern nicht so sehr auf den Preis, sondern vielmehr auf die Qualität achten.

Bordwerkzeugkontrolle

Das BMW-Bordwerkzeug war zu Zeiten der 2-Ventil-GS Modelle noch reichhaltig und unterwegs wirklich zu gebrauchen. Es sollte unbedingt auf Vollständigkeit geprüft werden.

Das **Original-Bordwerkzeug** besteht standardmäßig aus folgenden Teilen:

- Innensechskantschlüssel (Inbus) in den Größen 3, 4, 5, 6 und 8 mm
- Doppelmaulschlüssel (Gabel) in den Größen 7 x 8, 10 x 11, 12 x 14, 13 x 17, 16 x 18 mm
- Doppelringschlüssel (**Vielzahn**) in den Größen 10 x 12 (**Kardan/Getriebe**) und 19 x 22 mm
- Steckschlüssel in den Größen 13–19 und 21–22 mm
- Zündkerzenschlüssel
- Reifenmontagehebel
- Kombizange
- Verlängerung
- Kreuzschlitzschraubendreher
- Schlitzschraubendreher
- Steckschlüssel
- Abdrückschraube für den Lichtmaschinen-Rotor

Abgedrehte Schraubennuss für die Mutter am Schwingenbolzen (rechts, links: nicht abgedreht), für einen Schwingenausbau als Ersatzteil direkt bei MTS-Motorradtechnik Landau zu beziehen.

Ersatz-Brems- und Kupplungshebel lassen sich einfach in die Werkzeugrolle mit einwickeln.

• Hakenschlüssel für Federbeineinstellung
(kann nach Fahrwerksoptimierung entnommen werden beziehungsweise wird für das neue Federbein vom Hersteller mitgeliefert)

Bordwerkzeugoptimierung / Ergänzung

Zu dem Original-Bordwerkzeug bietet BMW einen Ergänzungssatz an. Dieser erweitert den Werkzeugumfang für eine Reise sinnvoll. Folgende Teile sollten immer mit dabei sein:
• Fühllehre
• Kontaktfeile
• Reifendruckprüfer
• Seitenschneider
• Prüflampe
• Umschaltknarre mit Nußweiten 6, 10, 12, 13
• Wasserpumpenzange
• Doppelringschlüssel 27 x 36

Außerdem empfiehlt sich unter Umständen die Mitnahme einer abgedrehten Schraubennuss für die Mutter am Schwingenbolzen bei einem eventuell notwendigen Schwingenausbau. Dieser kann nötig werden, um an die Kardanwelle oder das Getriebe zu gelangen. Eine im Außendurchmesser verringerte Schraubennuss stellt sicher, dass man immer an die Mutter herankommt. Die Rahmenöffnung ist bei vielen Fahrzeugen aus unterschied-lichen Gründen verengt. Das führt unter Umständen zu der Situation, dass man zwar das richtige Werkzeug vor Ort hat, es aber nur sehr schwer oder gar nicht anwenden kann.

Des Weiteren kann man noch je einen Ersatz-Brems- und Kupplungshebel in die Werkzeugrolle einrollen. Ein hochwertiges Multitool (Mulitfunktionswerkzeug) für kleinere Notfallreparaturen kann ebenfalls nicht schaden.

Reifenwerkzeug

Um sich im Falle einer Reifenpanne helfen zu können, sollte auf jeden Fall das passende Equipement wie Montierhebel, Reifenflickzeug, Ersatzschlauch, Luftpumpe, Reifendruckprüfer und ein sogenannter Reifenpilot (Reifenfüllschaum) an Bord sein.

Sollte man in die Situation kommen, einen Reifen wechseln zu müssen, dann ist hierbei zu beachten, dass man die vordere Felge immer so auf den Boden legt, dass die Bremsscheibe nicht beschädigt wird und keine Verunreinigung in die Achsführung und Lagerung gelangt. Den Reifenmantel kann man durch ein „Draufstehen" mit Mo-

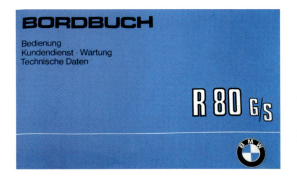

Tipps ab Werk mit nützlichen Hinweisen für die Reise gab es 1980 im Bordbuch der R 80 G/S.

Ob man einen extra großen Tank für eine Reise montiert, sollte vom Reiseziel und der geplanten Route abhängig gemacht werden.
Oben: 45-Liter-Tank von Alusauer; Mitte: 43-Liter-HPN-Tank; Unten: 45-Liter-Heinrich-Tank. Alle sind für 2-Ventiler-GS mit mehr oder weniger Anpassungen geeignet.

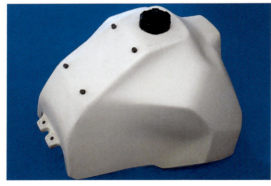

tocross-Stiefeln erreichen oder man nimmt den Seitenständer und das Fahrzeuggewicht zu Hilfe. Bei diesen Arbeiten ist die Zusammenarbeit zu zweit ratsam.

Weitere Utensilien für den Notfall

- Silikonmasse zu Abdichtzwecken
- Kaltmetall, Draht, Kabel und Lüsterklemmen oder Lötverbinder (mit Feuerzeug verwendbar)
- Etwas Schrumpfschlauch, Isolierband oder Aluklebeband
- Sortiment an Kabelbindern, Schraubnippeln, Schrauben, Muttern und Unterlegscheiben
- Gummibänder (einfach aus alten Motorradschläuchen geschnitten, können universal eingesetzt werden, zum Beispiel um den Hauptständer zu fixieren o.ä.)
- Zusätzliche Reserve-Spanngurte
- Überbrückungskabel
- Benzinschlauch
- Ölkühlerbypass (wenn der Ölkühler durch Steinschlag leckt, kann man ihn mit einem kleinen Schlauch vom Kreislauf abklemmen und weiterfahren)
- Falttrichter aus Papier
- Gefrierbeutel (sind sehr reißfest, resistent gegen Hitze und Kälte und eignen sich als Staubschutz und Auffangbehältnis zum Beispiel für auslaufendes Öl nach einer Beschädigung)

Ist ein großer Tank nötig?

Ob die Verwendung eines großen Benzintanks nötig ist, hängt natürlich vom Reiseziel ab. Bewegt man sich in dünn besiedelten Gebieten und tauchen in der Reiseplanung Etappen von 500 Kilometern und mehr auf, dann ist ein Umbau ratsam. Hier gibt es verschiedene Möglichkeiten. Am bekanntesten dürfte hier wohl der HPN-Tank mit 43 Litern Volumen aus Polyethylen in den Farben Weiß oder Schwarz oder als lackierfähige Ausführung in Nylon sein. Alternativ gibt es für die alten Boxer-GS auch den Heinrich-Tank (Stahlblech), der mit 45 Litern Volumen einer der größten auf dem Markt ist. Natürlich kann man sich je nach Wunsch und Geldbeutel auch einen individuellen Alutank nach persönlichen Wünschen bauen lassen. Spezialist hierfür ist beispielsweise die Firma Alusauer im badischen Oberkirch. Martin Sauer baute schon Mitte der 80er-Jahre die Tanks für die berühmte HPN Marlboro-BMW, mit der Gaston Rahier die Rallye Paris-Dakar gewinnen konnte. Er hat auch 45-Liter-Tanks für die GS im Angebot. Sauer baut außerdem individuelle Tanks nach Wunsch für fast jedes Motorrad.

Für welche Lösung man sich hier entscheidet, ist letztendlich nicht ausschlaggebend. Wichtig ist, dass diese Tanks Reichweiten von 700 bis 1000 Kilometer ermöglichen und man dadurch weniger abhängig von Tankstellen ist. Alternativ zu den großen Zubehörtanks funktioniert bei der G/S und Basic natürlich auch der Original-BMW 32-Liter-Tank Paris-Dakar (Kalahari) oder man kauft gezielt das Modell R 100 GS Paris-Dakar mit großem 35-Liter-Tank ab Werk.

Möchte man doch immer etwas Notfall-Benzin mit sich führen, dann spricht nichts gegen die Verwendung von Reservekanistern. Hier ist von Metallkanistern abzusehen. Diese sind zu schwer und auch in vielen Ländern nicht zugelassen. Empfehlenswert sind Plastikkanister. Die beste Variante, diese mitzuführen, ist die Befestigung mittels Haltelaschen und Spanngurten direkt am Alukoffer (gibt es fertig im Zubehör-Handel und eignen sich auch bestens als Öl-Reservoir).

Welche Reifen sind fernreisetauglich?

Als besonders robust hat sich auf vielen Fernreisen der für die Rallye Paris-Dakar entwickelte Michelin Desert bewährt. In Kombination mit einem verstärkten Schlauch, kann man damit Plattfüße unterwegs nahezu ausschließen. Bei Offroad-Passagen ist hierbei zu beachten, dass der Luftdruck etwas gesenkt wird, um die Auflagefläche und somit den Grip zu erhöhen. Die Wahrscheinlichkeit einer Beschädigung durch spitze Steine minimiert sich dadurch ebenfalls. Leider ist dieser Reifen für die Monolever-G/S in 18-Zoll hinten nicht verfügbar. Für die Paralever-GS mit 17-Zoll-Hinterreifen stimmt zwar die Größe, aber nicht die Breite. Serienmäßig mit 130 mm ausgerüstet, muss man für eine Fernreise (wenn man diesen Reifen auch hinten verwenden will) entweder eine Distanzscheibe einbauen, damit das Rad von der Schwinge weggrückt oder die rechtsseitig angebrachten Stollen des 140 mm-Reifens ein wenig stutzen. Natürlich ist er dann nicht mehr für den Straßenverkehr zugelassen! Alternativ empfiehlt sich der Michelin T63 mit dem gleichen Profil und einer etwas weicheren Gummimischung. Diesen gibt es auch in den benötigten 130/80 R17 und 120/80 R18 für beide Modellgenerationen inklusive einer Zulassung für die Straße.

Soll das Profil etwas straßenorientierter ausfallen, dann ist der Continental-Enduroreifen TKC 80 eine weitere Option. Hier stehen die Stollen etwas dichter beieinander, was auf der Straße sicher einen Vorteil darstellt.

Das Motorrad richtig beladen

Wird das Fahrzeug falsch beladen, dann wird nicht nur das Fahren anstrengender, sondern auch die Fahrsicherheit leidet erheblich darunter. Schweres Gepäck gehört immer unten in den Tankrucksack oder die Alukoffer. Man kann sich das Leben unterwegs natürlich auch deutlich leichter machen, wenn man sich im Vorfeld überlegt, was man wann unterwegs benötigt. Die Regenbekleidung sollte man so verpacken, dass man nicht den halben Koffer am Straßenrand auspacken muss. Mit den Jahren entwickeln viele ein System, mit dem sie persönlich gut klarkommen. So kann es zum Beispiel von Vorteil sein, wenn alles zum Zeltaufbau an einem Platz ist und es so verpackt ist, dass keine anderen Gepäckstücke vorher entnommen werden müssen. Es kann ja mal ein Zeltaufbau im Regen nötig sein. Oder man nimmt einen Alukoffer grundsätzlich für alles, was mit der Verpflegung zu tun hat. Hier muss jeder das für ihn beste System finden. Wichtig ist, dass es praxisgerecht angelegt wird und die Fahrzeugbeherrschung nicht negativ beeinträchtigt. Dinge, die man unterwegs oft

Perfekt beladene R 80 G/S: fertig für die Fernreise rund um den Globus und durch die Wüste

قصر غيلان
KSAR GHILLAN →

غمراسن
GHOUMRASSEN →

Simon Bender, 2-Ventil-Spe-
zialist von MTS-Motorrad-
technik in Landau, mit seiner
G/S in der tunesischen Wüste

braucht, packt man am besten in den linken Alukoffer, da
man sich in der Praxis (beim Auf- und Absteigen) fast immer links vom Fahrzeug aufhält und man sich somit das
dauernde Herumlaufen um das Motorrad sparen kann. Bei
der Verwendung von Spanngurten ist darauf zu achten,
dass die Enden nicht lose im Wind flattern. Rücklicht und
Blinker dürfen nicht durch Gepäckstücke verdeckt werden. Auf einen ausreichend großen Abstand zum Auspuff
muss außerdem geachtet werden. Wichtige Dokumente
und Geld sollten grundsätzlich nur direkt am Körper ge-
tragen werden. Geht es in einsame Gebiete kann es lebens-
rettend sein, kleinen Leuchtpatronen einen Platz in der
Jacke eingeräumt zu haben. Liegt man nach einem Sturz
hilflos im Graben oder hinter eine Sanddüne (unter dem
Motorrad) hat man so die Möglichkeit, sich Aufmerksamkeit zu verschaffen.

Probefahrt, Fahrkontrolle und Ergonomie
Eine ausführliche Probefahrt in vollem Beladungszustand
ist vor der Reise unumgänglich. Nur so kann man sehen,
wie sich das Fahrverhalten des Motorrades verändert hat,
und ob man damit sowie mit der Sitzergonomie auf Dauer
gut klarkommt. Oft ändert sich die Sitzposition durch
Gepäckrollen oder ausladende Tankrucksäcke und so kann
es nach ein paar Stunden im Sattel richtig unbequem werden. Die Wichtigkeit der Ergonomie wird häufig unterschätzt, da man in der Regel froh ist, alles irgendwie auf
dem Motorrad untergebracht zu haben. Jedoch leidet der
Fahrspaß und somit die Freude am Abenteuerurlaub ganz
gewaltig, wenn man zwischen Gepäckbergen einge-
quetscht sitzt. Um generell mehr Fahrkomfort zu erzeu-
gen, sind Lenkererhöhungen oft ein sehr wirksames Mittel. Sie ermöglichen eine entspannte Sitzposition und
erhöhen die Beherrschbarkeit der Maschine. In Kombination mit individuell angepassten (gepolsterten) Sitzbänken
oder einer Fußrastentieferlegung kann viel dazu beigetra-
gen werden, dass man entspannt fährt.

Zur Erhöhung der Fahrsicherheit gehört es auch, dass
der Fahrer sich vor der Witterung schützt. Hier kommen
Windschilder und Handprotektoren zum Einsatz. Heiz-
griffe verhindern bei Regen und Kälte, dass die Finger steif
werden und sich das Reaktionsvermögen verlangsamt. Ei-

ne insgesamt entspannte Haltung auf dem Motorrad ist die Grundvoraussetzung für eine sichere und entspannte Motorradtour.

Fernreise-Motorräder und Fernreise-Träume

„Wenn Du ein Schiff bauen willst, dann trommle nicht Männer zusammen, um Holz zu beschaffen, Aufgaben zu vergeben und die Arbeit einzuteilen, sondern lehre die Männer die Sehnsucht nach dem weiten, endlosen Meer." (Antoine de Saint-Exupery). Frei nach dem französischen Poeten geht es nicht nur darum, das perfekte Fernreisemotorrad ab Werk zu bauen. Dieses würde dem Bedarf der überwiegenden Mehrheit der Kundschaft auch gar nicht entsprechen. Vielmehr ist es wichtig, bei den Menschen Träume zu wecken. Durch geschicktes Marketing gelang es in den letzten Jahrzehnten immer bei den GS-Modellen, diese Sehnsüchte zu bedienen. Eine R 80 G/S Paris-Dakar folgt dem „Ruf der Wüste", eine R 1150 GS Adventure vermittelt „Abenteuer pur" und die aktuelle R 1200 GS Adventure suggeriert Weltreisetauglichkeit ab der heimischen Garage. Allein der Anblick dieser Fahrzeuge erzeugt das gute Gefühl, dass man könnte, wenn man wollte. Und das genügt oftmals schon. Dass sich diese Träume auch in die Tat umsetzen lassen und man auch mit modernen Hightech-Maschinen Fernreisen unternehmen kann, zeigt der Reisefotograf Michael Martin auf beeindruckende Weise.

Michael Martin: Mit der BMW GS um die Welt

Der weltbekannte Fotograf Michael Martin reist vorzugsweise auf dem Motorrad um die Welt. Die Regionen, in denen seine atemberaubenden Bilder entstehen, erreicht er seit vielen Jahren im Sattel unterschiedlicher GS-Modelle. Zwar liegen seine Anfänge als Jugendlicher beim Fahrrad, später beim Mofa und diversen Autos, aber im Jahr 1991 entschied er sich im Zuge einer Afrikareise für seine erste BMW, eine R 100 GS, und ist seitdem der GS treu geblieben.

Mit dem Motorrad zu reisen, bietet auch ihm einige Vorteile. Im Bereich der Fahrzeuglogistik, sei es mit einem Flugzeug oder Boot, ist er wesentlich flexibler. Ferner muss er als Fotograf einen persönlichen Zugang zu den Menschen finden und auf ein Motorrad reagieren Einheimische meist sehr positiv. So entstehen schneller Kontakte und die Zollkontrollen von Motorrädern sind meist auch

Die BMW Motorrad-Karriere von Michael Martin begann mit einer 2-Ventil-Boxer R 100 GS Paris-Dakar, hier mit einem äthiopischen Mönch als Beifahrer.

Eingesandt in einer Düne:
R 1100 GS mit Touratech-Tank

Uganda 1994: Ein afrikanischer Mechaniker löst
technische Probleme un-
konventionell, aber gut.

nicht so intensiv wie bei Jeeps – angesichts seiner umfang-
reichen Fotoausrüstung ist das meist sehr hilfreich.

Michael Martin reist seit Anfang der Neunzigerjahre
auf BMW GS-Motorrädern. Angefangen hat seine GS-
Karriere 1991 mit drei Reisepartnern und vier BMW
R 100 GS auf der Trans-Afrika-Reise von Kenia nach Kapstadt in Südafrika. Die Tour dauerte acht Wochen und war

anstrengende 10.000 Kilometer lang. Hier lernte er die extreme Robustheit und die sprichwörtliche Zuverlässigkeit
der GS-Boxer kennen und schätzen.

So war es für ihn keine Frage, auf welchem Motorrad er
1994 zu seiner nächsten Reise „zu den Quellen des Nils"
aufbrechen sollte. Allerdings hatte sich die Modellbaureihe
dramatisch weiterentwickelt und so belud er eine damals
brandneue R 1100 GS für die große Tour. Die Bilder der
völlig überladenen Maschine sollten ihm später zum
Durchbruch in der Motorradszene verhelfen. Auf den
10.000 Kilometern für die er zwölf Wochen benötigte,
stellte er unter Beweis, dass auch die neue 4-Ventil-GS mit
moderner Technik für Extremtouren geeignet ist. Nur der
Verlust eines Bolzens, der die Kardanwelle im Gehäuse
zentriert, brachte ihn kurzfristig in Schwierigkeiten. Ein
afrikanischer Mechaniker löste das Problem unkonventio-
nell mit einem Stück Holz, das den Bolzen ersetzte und die
GS bis zur Rückkehr in München fahrtüchtig hielt.

1997 hat Michael Martin bereits weltweiten Ruhm mit
seinen Bildern erlangt, als er wieder auf einer BMW
R 1100 GS zu einer sechsmonatigen Reise durch die „Wüsten Afrikas" aufbricht. Abermals trägt ihn die GS sagenhaf-

„Mund-zu-Benzinpumpe"-Beatmung für die R 1100 GS mit Spritproblemen in der Wüste

te 20.000 Kilometer weit zuverlässig durch die einsamsten Gegenden des faszinierenden Kontinents.

Für das dann folgende Mammut-Projekt „Die Wüsten der Erde" vertraute er auf die überarbeitete und 1999 präsentierte R 1150 GS. Wie schon die R 1100 GS wurde auch die neue 4-Ventil-GS mit einem großen 41-Liter-Tank der Firma Touratech ausgestattet. Dieser ermöglichte Michael Martin Reichweiten von 700 Kilometern und

Das Motorrad ist das Kommunikationsinstrument Nr. 1 auf Reisen in ferne Länder und Kulturen.

Michael Martin reiste mit BMW GS aller Generationen durch alle Wüsten der Erde. Im Bild oben durchquert er 2002–2003 das bolivianische Altiplano. Das Bild auf der rechten Seite entstand 1991 am Turkanasee (Kenia).

mehr. Wichtig zum Überleben in einsamen Wüstengegenden. Die erste Etappe von 2000 bis 2002 führte ihn und seine Reisepartnerin Elke Wallner durch alle Wüsten Asiens. Für die 35.000 Kilometer benötigten die beiden sechs Monate. 2002 schlossen sich auf einem weiteren Abschnitt die Wüsten Australiens an. In drei Monaten und 15.000 Kilometern durchfuhren sie alle Wüsten des „Roten Kontinents".

Anschließend ging es durch alle Wüsten Amerikas. Auch hier trug sie eine R 1150 GS mit großem Tank und Touratech-Alukoffersystem sicher über 25.000 Kilometer in neun Monaten von Südamerika nach Noramerika. Fasziniert von Afrika durchfuhren Elke Wallner und Michael Martin, immer noch auf einer R 1150 GS unterwegs, in neun Monaten und 30.000 Kilometern alle Wüsten Afrikas. Somit hat Michael Martin auf einer BMW GS alle Wüsten der Erde bereist und auf über 100.000 Reise-Kilometern eindrucksvoll festgehalten, dass es wohl kein besseres Motorrad für diesen Zweck gibt.

Für sein aktuelles Projekt „Eiswüsten der Erde" (Start war im Jahr 2010) hat er die R 1150 GS gegen eine aktuelle R 1200 GS Adventure getauscht. Nach seinen ersten Reise-Erfahrungen mit dem Motorrad ist seine Resonanz ebenfalls durchweg positiv. Die GS wurde leichter und gleichzeitig leistungsstärker, was dem Globetrotter natürlich sehr entgegenkommt. Schwierige Passagen sind so noch besser zu meistern.

Überlegungen, irgendwann das Fabrikat zu wechseln, hat Michael Martin nicht, da er nun schon seit zirka 20 Jahren auf die Zuverlässigkeit der BMW GS vertraut und über all die Jahre ausschließlich positive Erfahrungen mit den verschiedenen Modellen gemacht hat. Eine BMW GS ist das beste Motorrad für Fernreisen, besonders dann, wenn viel Gepäck untergebracht werden und auch noch eine Sozia bequem Platz finden soll. Der Boxer-Motor trägt mit seinem Durchzug und seiner angenehmen Leistungscharakteristik maßgeblich zu einer entspannten Reise bei.

Danksagung

Ein großes Dankeschön an die folgenden Personen, die mich bei diesem Buchprojekt unterstützt haben:

Katja, die reichlich Zeit in Korrekturarbeit investierte und im Jahr 2010 auf Urlaub verzichtete. Ohne ihren Rat, ihr Verständnis und ihre Geduld wäre dieses Buch in der Form nicht entstanden.

Simon Bender (MTS-Motorradtechnik.de), der mit seinem Fachwissen und hohem persönlichen Engagement das 2-Ventiler-Reise-Spezial unschätzbar aufwertete. (Danke auch an Roman Bündig für das Bildmaterial.)

Arnold Debus (Hartblei.de), der mir tolles Rallye- und Studio-Bildmaterial zur Verfügung stellte.

Martin Distler, der mir Vertrauen entgegenbrachte und den nötigen Freiraum gab.

Klaus-Volker Gevert, der sich nicht nur Zeit für ein persönliches Gespräch nahm, sondern auch seltene, historische Design-Skizzen, besonders vom Sondermodell Paris-Dakar, beisteuerte.

Robert Groh von BMW (BMWClassic.com), der mir in mehreren Gesprächen überaus wertvolle Tipps und Hinweise zur Geschichte der G/S und GS vermittelte und alle meine Fragen sehr kompetent beantwortete. Darüber hinaus steuerte er das passende Bildmaterial aus dem BMW Archiv bei.

Manfred Grunert für seine unterstützenden Tipps und helfenden Ratschläge.

Fred Jakob von BMW (BMWClassic.com), der sich für ausführliche Gespräche reichlich Zeit nahm und so das Buchprojekt mit seiner Fachkompetenz durch wertvolle Informationen sehr unterstützte.

Robert Kieninger und Nikolas Parcharidis (Boxerclassics.de), die sofort begeistert mitwirkten, kurzfristig eine Motorrad-Fotosession organisierten und ihr großes 2-Ventil-Fachwissen gerne weitergaben.

Ekkehard Rapelius, der seine „Südamerika-G/S" nach fünf Jahren im Schuppen extra für mich ans Tageslicht holte und sich viel Zeit für persönliche Gespräche nahm.

Klaus Mayer (Klaus-Mayer-BMW.de), der mir private Fotoalben aus den 80er-Jahren und weitere interessante Unterlagen überließ. Darüber hinaus stellte er Fahrzeuge zum Fotografieren zur Verfügung.

Michael Martin (Michael-Martin.de), der trotz engem Terminkalender meine Fragen geduldig beantwortete und mir tolles Bildmaterial von seinen Reisen überließ.

Klaus Pepperl und Alfred Halbfeld von HPN (HPN.de), die mir bei einem Besuch in Seibersdorf wertvolle Einblicke in die Paris-Dakar-Historie von und mit BMW ermöglichten und den Kontakt zu Dietmar Beinhauer herstellten.

Laszlo Peres, der mir fantastische Unterlagen vertrauensvoll überließ und mir wertvolle Einblicke in die Zeitgeschichte rund um die Entstehung der G/S gab.

Rudi Probst, der mich mit aktuellem Bildmaterial und Informationen unkompliziert unterstützte.

Heribert Schek, der ausführlich über seine 60 Jahre Geländesport-Erfahrungen berichtete und mir einen Teil seiner großen Bildersammlung zur Verfügung stellte.

Bildnachweis

Simon Bender: 142, 144 o., 152
Arnold Debus: 108 r., 109 o., 115–116
Christian Geissler: 130
Xavier Gordillo: 41 u.r.
HPN: 110, 113 u., 114 (Fotos: A. Debus)
Torsten Kämpfer: 10, 13–20, 23, 24 u., 26–27, 32, 34, 35 o., 36 o., 49, 83 u.r., 85 o.r., 85 u.r., 86 Mitte, 86 u., 86 r., 88–91, 104, 105 o., 108 l., 109 u., 111–112, 113 o., 117, 120–124, 126–129, 131–139, 143, 144 u., 145–151
Michael Martin: 6, 140–141, 153–157
Klaus Mayer: 77, 87 Mitte
Laszlo Peres: 58–71
Ekkehard Rapelius: 74
Herbert Schek: 42–48, 50–53
Yamaha Deutschland: 75
Alle anderen Aufnahmen: BMW AG

Einband: Torsten Kämpfer o. und u.l., Laszlo Peres (u. Mitte) und BMW AG (u.r. und Umschlagrückseite)

Ebenfalls erhältlich ...

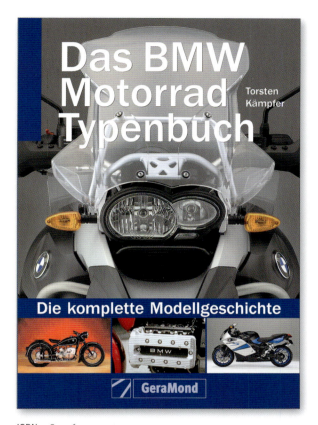

ISBN 978-3-7654-7710-2

Das erste Motorrad schickte BMW 1923 auf die Straße, schon damals mit dem unverwechselbaren Boxermotor. Was dann folgte ist eine bis heute andauernde Erfolgsgeschichte, die vom Rennsport genauso geprägt wird wie von der Enduro-Legende GS und den schweren Tourern der K-Reihe. Dieses Typenbuch zeigt sämtliche Modelle, die von dem Hersteller erdacht wurden – mit Porträt- und Detailaufnahmen, technischen Daten und kompetenten Beschreibungen.

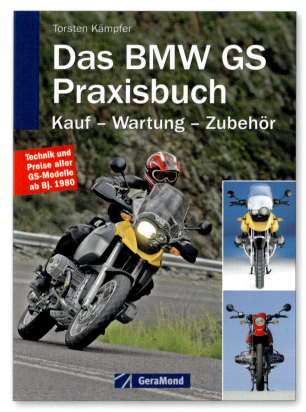

ISBN 978-3-7654-7779-9

Über 500.000 verkaufte Modelle sprechen für sich: Die BMW-GS ist das erfolgreichste deutsche Motorrad aller Zeiten. Das praktische Handbuch für sämtliche Modelle der Baureihe, von der R 80 G/S bis zur R 1200 GS, erklärt alles zu Technik, Tuning, Unterhalt und Wartung der Maschinen und verrät, was man bei Anschaffung und Probefahrt beachten sollte. Übersichtlich, verständlich und reich bebildert. Ein unentbehrlicher Leitfaden für alle Fans der robusten Enduro.

Kurvenglück und Alpenglühen.

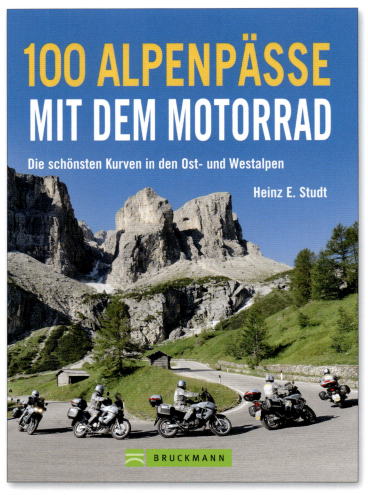

ISBN 978-3-7654-5502-5

Da wird die Tourenplanung zum Kinderspiel! Der passionierte Motorradfahrer Heinz E. Studt präsentiert die 100 schönsten Pässe der Alpen, von Frankreichs Seealpen über die Schweiz und Österreich bis ins kurvenreiche Herz Norditaliens. Genießen Sie Serpentinen, Spitzkehren, atemberaubende Rechts-Links-Kombinationen und grandiose Panoramen. Mit herrlichen Bildern, topaktuellen Detailkarten, ausführlichen Streckeninfos und speziellen Bikertipps. Vorsicht Suchtgefahr!